Extrait du livre intitulé Histoire de la célèbre & miraculeuse dévotion de sainte Anne, près d'Auray en Bretagne ; par Hugues de S. François, Prieur des Carmes du Pont-l'Abbé.

Voy. le P. Lelong & la pag. 33.

LA GRANDE ET MIRACVLEVSE DEVOTION DE SAINTE ANNE D'AVRAY EN BRETAGNE.

PAR VN RELIGIEVX CARME Reformé, de la Prouince de Touraine.

A PARIS,
Chez IEAN GVILLEMOT, Ruë de Glatigny, derriere S. Denis de la Chartre.

M. DC. XXXVIII

Auec Priuilege du Roy, & Approbation des Docteurs.

A LA ROYNE.

ADAME,

Les vœux que nous auons presenté sur l'Autel miraculeux de Sainte

â

Anne en faueur de voſtre Majeſté, ſe changeront deſormais en remercimens. Car enfin le Ciel a versé ſes influences ſecrettes ſur la terre; & Dieu qui a vn ſoin particulier de cette Monarchie, a daigné la benir, vous rendant feconde pour le bonheur de toute la France. Ce miracle, ſans mentir, eſtoit deu à l'innocence de voſtre vie, & aux merites de voſtre glorieuſe Patrone. Et parce qu'en vn ſiecle tel que le noſtre, il eſt queſtion d'vn chef-d'œuure, la Nature n'a osé preuenir les miracles de la Grace : mais toutes deux ont trauaillé longues années pour enfanter vn Lys, qui doit arondir la Couronne de voſtre gloire, & ſeruir de conſolation à tous les Sujets de voſtre Majeſté.

Car comme les preſens que Dieu nous fait, ſont toûjours acheués au dernier *poinct de la perfection: & que les estres produits par miracle paroissent enrichis de qualitez plus excellentes, que ceux qui naissent dans le cours ordinaire de la Nature; de-même auons-nous appris dans la suitte des siecles, que les enfans obtenus par miracle, ont eux-mesmes esté des miracles tres-illustres en puissance, en grandeur, en science, ou en sainteté. C'est l'esperance des Peuples, qui ont soûpiré si long-temps apres vn bien, qui doit faire la meilleure partie de leur felicité. C'est le dessein adorable de la prouidence de ce grand Dieu, representé en la Theologie des Hebreux, tenant en la main vne clef toute d'or; auec laquelle il ouure quand il luy plaist, le sein des meres pour les rendre fecondes.*

Grand bonheur à vostre majesté, MADAME,

d'estre le sujet des benedi-ctions du Ciel, l'objet de nos amours, la resource de nos esperances, le calme de nos orages, la colombe pacifique de cét Estat; & comme disoit autrefois vn grand Saint, à l'honneur de la grande Sainte Anne, la boutique de tant de prodigieux miracles, & de sacrées alliances.

L'Europe s'estonne de cette faueur quasi inesperée, la France s'en réjouyt,

& en prepare déja les triomphes ; les Religieux de noſtre Reforme, laquelle voſtre Majeſté daigne honorer de ſa protection ; principalement en ces deux maiſons de Sainte Anne en Bretagne, & du S. Sacrement à Paris ; n'oſans imiter les Anciens, qui mettoient une Coronne d'Olives ſur le ſein de leurs Roynes & Emperieres, lors qu'elles eſtoient enceintes : ſe contentent de preſenter

aux pieds de vostre Majesté ce tableau racourcy de LA FAMILLE DE IESVS, *& cette image abbregée de la grande Sainte Anne; comme un tesmoignage public de leurs respects, & obeïssances.*

MADAME,

Vos tres-humbles & obeïssans sujets & Orateurs, les Religieux Carmes Reformez du Conuent de Sainte Anne.

Au Conuent des Carmes Reformez du S. Sacrement à Paris, le jour de S. Anne 1638.

Permiſſion du R. P. Prouincial.

Viuant la permiſſion generale octroyée à l'Auteur, par noſtre Reuerendiſſime Pere General THEODORVS STRATIVS, nous conſentons que le liuret intitulé, *La grande & miraculeuſe Deuotion de Sainte Anne, &c.* ſoit imprimé & publié, apres qu'il aura eſté examiné par deux Religieux de noſtre Prouince; & qu'on aura obſerué les autres conditions portées dans les Ordonnances de l'Egliſe, ou du Roy. Fait en noſtre Conuent des Carmes Reformez de Rennes, le 1. Iuillet 1638.

F. LVC DE S. ANTOINE,
Prouincial des Carmes Reformez de la Prouince de Touraine.

Approbation des Examinateurs.

Pres auoir leu attentiuement, & examiné le Liure qui porte pour tiltre, *La grande & miraculeuse deuotion de Sainte Anne, &c.* Nous declarons n'y auoir rien reconneu qui ne soit conforme à la sainte Doctrine de l'Eglise Catholique, Apostolique & Romaine, aux bonnes mœurs des Fideles; & à l'accroissement de la deuotion des ames qui se veulent lier particulierement à Dieu, par le culte & l'hommage de la FAMILLE DE IESVS. Fait à Paris au Conuent du S. Sacrement des Carmes Reformez, le 30. Iuillet 1638.

P. HILAIRE DE S. IEAN.
P. VICTOR DE S. FRANÇOIS.

L'Approbation des Docteurs de Theologie est en la page 34.

DANS LE CONVENT
du Saint Sacrement des PP. Carmes Reformez des Billettes.

LA deuotion du tres-Saint Sacrement de l'Autel, se celebre tous les Ieudis de l'année; les premiers de châque mois il y à Procession; Et la plus grande solemnité est le premier Ieudy de Decembre, le Ieudy Saint, & le Dimanche de Quasimodo.

LA deuotion de Sainte

Anne, & l'hommage particulier à la FAMILLE DE IESVS; tous les Mardis de l'année en la Chappelle de Sainte Anne.

LA deuotion de Sainte Radegonde tous les Vendredis, en la Chappelle du S. Sacrement sous terre.

TABLE ET DISTRIBUTION GENERALE DU LIURE.

Extraict du Priuilege du Roy.

LE ROY par ses Lettres Patentes, données à Chaillot le 7. Aoust 1638. Signé, Par le Roy en son Conseil, DENISOT. Et scéllées du grand scéau; A permis à IEAN GVILLEMOT, Imprimeur & Libraire à Paris, d'imprimer ou faire imprimer vn liure intitulé, la grande & miraculeuse deuotion de Sainte Anne d'Auray en Bretagne: & ce pendant le temps & espace de six ans, à compter du jour que ledit liure sera imprimé. Faisant deffences à toutes personnes de quelque condition qu'elles soient, tant dedans que dehors nostre Royaume, d'imprimer ledit liure sans le consentement dudit GVILLEMOT, sur peine de mil liures d'amande, confiscation des exemplaires, & de tous despens, dommages & interests, à la charge d'en mettre trois exemplaires, deux en nostre Bibliotheque, & vne en celle de nostre tres-cher & féal le Sieur Seguier, Cheualier, Chancelier de France, ainsi qu'il est contenu dans les lettres dudit Priuilege.

Acheué d'imprimer le 14. Aoust 1638.

LA DEVOTION MIRACVLEVSE DE SAINTE ANNE D'AVRAY EN BRETAGNE.

§. I.

BRIEVE INTRODVCTION des grandeurs, & excellences de Sainte Anne.

E n'est pas d'aujourd'huy qu'on employe les beautez du Soleil, pour dépeindre à nos esprits les perfections de la Diuinité. Cette image est la plus ancienne qui soit dans l'Vniuers ; & la parfaitte ressẽblance qu'elle a auec son original , a fait les premiers idolâtres. Mais la grace de l'Euangile en arrestant les comparaisons dans le juste poinct de la verité , nous enseignera maintenant, que comme les Planettes plus voisines du Soleil empruntent dauantage de ses qualitez , affin de les respandre plus efficacement sur les estres de ce bas monde : de mesme les graces & les benedictions celestes qui sont en Dieu & en Iesus-Christ, comme dans leur source premiere, sont heureusement communiquées aux fideles par l'intercession des Saincts, qui ont plus de liaison auec Dieu , & de rapport auec Iesus-Christ.

C'eſt pourquoy nous deuons conſiderer la glorieuſe Sainte Anne, comme vn ſujet tres-excellent de la grace, l'vn des miracles plus parfaits de l'Euangile: vn objet tres-éminent de nos deuotions, & l'vne des voyes plus aſſeurées de noſtre predeſtination. Il n'y a rien ſans mentir, qui appartienne ſi immediatement au Pere Eternel, que ſon Fils vnique: & nous ne ſçaurions approcher heureuſement de Ieſus, que par ces benîtes perſonnes qui compoſent ſa tres-ſainte famille.

Comme donc la diuine Prouidence a choiſi quatre perſonnes incomparables, par le mariage & la fecondité deſquels le Verbe s'eſt incarné, & a pris alliance auec noſtre nature humaine: auſſi deuons-nous reconnoiſtre, que ce qui nous approche dauantage de Dieu, eſt la liaiſon de nos cœurs auec ces bien-heureux parens, par leſquels il eſt venu à nous. Veritablement on peut bien dire, que le caractere du ſiecle auquel nous viuons, eſt la deuotion & l'hommage *à la Famille de Ieſus-Chriſt*. Sa gloire a eſté miſterieuſement cachée au temps de nos Peres: & la poſterité reçeura de noſtre âge, le culte & l'honneur qu'on commence de rendre à ſes merites.

Ie ne ſçay ſi c'eſt que nous approchons de la fin du monde, & de la conſommation des ſiecles; ou que noſtre âge eſtant fertile en impieté, & ſterile à produire des Saincts; Dieu ſoit contraint de découurir à ſon Egliſe, ceux qu'il auoit celé dans ſes premiers fondemens. Mais ie dois dire auec verité, que nous ſommes dans la plenitude du temps auquel Ieſus veut releuer l'honneur, & reueler au monde la gloire de ſa tres-ſainte Famille. De ſorte qu'apres auoir veu és ſiecles paſſez, les reſpects de l'Egliſe, à l'endroit de la glorieuſe & incomparable Vierge Marie: les adorations, renduës au tres-Auguſte Sacrement de l'Autel: la tendre deuotion, enuers le ſaint & ſacré nom de Ieſus: la pieté & l'ardeur des peuples à celebrer le nom, la feſte, & les merites du glorieux Patriarche Saint Ioſeph; il ne reſtoit ſinon de reconnoiſtre les grandeurs, & rendre hommage aux vertus éminentes des deux ayeuls de cette benîte Famille, ſaint Ioachin & ſainte Anne. Cependant comme si les Estats de la grace commençoient par les plus foibles sujetss, la deuotion à la Mere de Dieu, ayant éclairé auparauant celle de son cher Espoux; attendant que l'esprit qui conduit la pieté aussi bien que la créance de l'Eglise, inspire à quelqu'vn l'honneur qu'on doit rendre à saint Ioachin; voicy que de toutes parts on void reluire des prodiges & des miracles, qui obligent les fideles à reconnoistre la grandeur de Dieu, dans les faueurs qu'il a departy à l'Ayeule de son cher Fils, & que les peuples reçoiuent par ses intercessions.

De vray, la glorieuse Sainte Anne dans la proprieté mesme de son nom, & la qualité de ses diuins emplois; n'est-elle pas la source des tresors, le tresor des graces, la Mere de Marie, & la tres-ſainte Ayeule de Ieſus-Chriſt? C'eſt elle qui par la pratique des vertus ſortables à ſa condition, s'eſt diſpoſée aux effets de la grace, pour eſtre éleuée à vn ſi haut poinct d'éminence. La Nature, comme dit ſaint Damaſcene, n'oſant preuenir les deſſeins de la grace : vn inſigne miracle l'a renduë feconde, de ſterile qu'elle eſtoit auparauant. C'eſt le bel Orient de l'Egliſe naiſſante qui nous a enfanté l'Aurore, deuenant Mere de la Mere de Ieſus. Si le Pere Eternel eſt couronné de ſon Fils, ny plus ny moins que d'vn glorieux diadeſme : la couronne de Sainte Anne, ſera ſans doute la tres-ſainte Vierge Marie. Selon les droicts de nature, l'enfant eſt vne partie de la mere qui l'engendre: & nous pouuons bien dire certainement, que la Fille de Sainte Anne eſt le tiltre plus illuſtre, & le plus riche partage de ſa benîte Mere. Par elle le Ciel ſe joint à la Terre, la Nature s'allie à la Grace, & Dieu s'eſt communiqué aux hommes. Car eſtant Mere de Marie, elle eſt Ayeule & grande Mere de Ieſus-Chriſt. De ſorte que ſi au ſentiment des Peres, ces deux tiltres incomparables de Fils de Dieu & de Mere de Dieu, ſont en Ieſus & Marie, le fondement de leurs grandeurs, le principe de leurs qualitez, la regle de nos hommages, & la meſure de l'honneur dont nous leur ſommes redeuables : il n'eſt pas moins certain, qu'apres auoir eſtably cette verité, que ſainte Anne eſt Mere de Marie, & Ayeule de Iesus-Christ ; nos loüanges n'égalent jamais ses merites, & nos seruices demeurent toûjours au dessous de ses excellences.

Le droict de nature luy donnoit, ie ne sçay quelle authorité sur celuy-là mesme qui en est l'Auteur. La ressemblance que les enfans ont auec leurs ayeuls, mettoit dans le Sauueur du monde beauconp de rapport à Sainte Anne. Et cét instinct naturel, lequel par le poids & la pante de l'amour qui s'accroist en descendant, forme tant de tendresse entre les ayeuls & les petits fils : attachoit les deux cœurs de Iesus & de sa grande Mere, par des chaisnes & des liaisons vrayement ineffables.

Ces prerogatiues luy ont mesme donné entrée dans l'œconomie de la grace, & fait prendre part dans les misteres de la Redéption. Car la pieté medite certes auec assez de fondement, que les prieres de sainte Anne luy ont obtenu la grace, de conçeuoir miraculeusement la sainte Vierge. Et les Anges ont solemnisé auec feste & hõneur, les neuf mois que Marie demeura dans les entrailles de sa benîte Mere. Que c'est elle qui par vœu ou deuotion particuliere, offrit à Dieu & consacra la sainte Vierge dans le Temple. Et que si Elizabeth Mere du diuin Precurseur, fut remplié de l'Esprit de Dieu, qui luy fit penetrer le mystere caché dans le sein de sa cousine: Sainte Anne a peû par reuelation, auoir des connoissances & des discernemens sur l'Incarnation du Verbe, qui deuoit s'accomplir dans les flancs de sa fille.

Ce n'est donc pas de merueilles, si vn sujet si releué merite nos reconnoissances : & si la consideration des priuileges dont Dieu a fauorisé sainte Anne, oblige nos esprits à luy rendre des cultes, des hõneurs & des hõmages tresparticuliers. C'est à vray dire le dessein de Dieu, lors que de toute eternité il a choisi cette sainte Dame pour estre le principe de ses voyes sur le salut des hommes. Et les miracles qu'il fait en sa faueur, sont autant de nouuelles obligations à nous acquitter de nos deuoirs vers la Bien-heureuse Sainte Anne. Tous les Chrestiens sont desormais obligez, à reconnoistre les merueilles de Dieu dans l'Ayeule de son Fils nostre cher Sauueur ; & c'est vne faueur tres-signalée à l'Ordre des Carmes, de voir ses enfans dépositaires d'vn lieu miraculeux ; où le Ciel semble auoir voulu establir la pureté, les principes, & les premiers essais de cette grande & generale deuotion de sainte Anne ; comme l'abbregé suiuant le va representer.

§. 2.

ESTABLISSEMENT, & accroissement de la deuotion miraculeuse de Sainte Anne d'Auray en Bretagne.

Es misteres de la Religion, ont d'ordinaire leur naissance cõme l'Aurore dans le sein des tenebres, & éleuent leurs grandeurs, sur de tres-foibles fondemens. Dieu qui en est l'Autheur, prenant toûjours plaisir à triompher de la vaine subtilité & suffisance de nos esprits. C'est le charactere des grands ouurages de la grace, qui reluit en nostre Histoire; & le juste sujet que nous auons auec le Fils de Dieu, de remercier son Pere ; de ce qu il ne veut ordinairement reueler les secrets de son Royaume, qu'aux simples & aux idiots. De cette nature estoit celuy que la prouidence a choisi, pour establir ceste grande & miraculeuse Deuotion.

C'estoit vn bon & simple Laboureur, nommé Yues Nicolasic; né sur les confins de la haute & basse Bretagne, à trois lieuës de la ville de Vennes, demeurant dans vn Village appellé Ker-Anna; c'est à dire, Ville, ou Village d'Anne.

Cét homme d'vn âge meur, & d'vne vie honneste, vid par plusieurs années des lumieres éclatantes au milieu de la nuict, eut des visions, & entendit des paroles sensibles; qui l'asseuroient que la volonté de Dieu eſtoit, que ſainte Anne fut ſeruie en ce lieu, choiſi pour y operer de grands miracles. Cependant, quoy que le nom du Village, la tradition du peuple auec beaucoup d'autres circonſtances, rendiſſent la choſe aſſez probable : toutesfois eſtant fort neceſſaire, de marcher lentement en tous les ſujets nouueaux & extraordinaires ; le conſeil des Perſonnes ſages, Eccleſiaſtiques & Religieuſes, apres auoir taſché de diuertir le Bon-homme de ces penſées, le porta à ſe diſpoſer par jeuſnes, prieres & oraiſons, à reconnoiſtre la volonté de Dieu. Auſſi fut-ce ſa perſeuerance & ſon obeïſſance, qui luy meriterent le ſuccez de ce bonheur.

Car le ſeptiéme jour du mois de Mars, en l'année mil ſix cens vingt & cinq; ce bon Laboureur couché dans son lict, enuiron la minuict apperçeut la mesme lumiere, laquelle il auoit veu plusieurs fois auparauant. Aussi-tost il se leue, & accompagné de quatre de ses voisins, va suiuant ce rayon celeste dans vne piece de terre nommée Bocenno; en laquelle il auoit souuent veu cét éclat lumineux, & entendu vne melodie toute Angelique. Ils ne sont pas plûtost arriuez, que la lumiere miraculeuse s'arreste: puis disparust, marquant le lieu; dans lequel ayant fouy, ils rencontrerent tous vne vieille Image de Sainte Anne. Et le Mardy suiuant, parut vne lumiere plus brillante & estenduë, auec vn bruict comme d'vn grand nombre & concours de peuple.

La merueille s'eſpand auſſitoſt dans le voiſinage, la renommée la porte aux oreilles de Monſeigneur l'Eueſque de Vennes: lequel comme tres-ſage & tres-digne Prelat, commit perſonnes capables pour s'inſtruire de tout; luy-meſme interrogea ſouuent ledit Nicolaſic, & peu apres députa des Eccleſiaſtiques pour gouuerner cette deuotion.

Mais le cours des graces s'enflant comme vn fleuue de benediction, il arriua que la veille de la Feſte de Sainte Anne, elle parut viſiblement au bon Yues Nicolaſic, comme vne Dame auguſte & venerable, plene de douceur & de majeſté; luy diſant qu'elle eſtoit Anne, Mere de la Mere de Dieu, qui vouloit rafraiſchir & releuer la gloire de ce lieu;

affin qu'elle y fut honorée & inuoquée de tous les fideles, comme aux ſiecles paſſez. Et pour gage, le lendemain on treuua douze quarts d'eſcus, quaſi tous de marque inconneuë ; ſans que le mary, la femme, ny perſonne aye jamais ſçeu qui les auoit mis en cét endroit.

La merueille continuë ; & le deuot ſeruiteur de Sainte Anne, ayãt ſur le gazon & ſous la ramée expoſé cette forme d'Image ; à l'inſtant, comme par vn ſecret inſtinct, arriua vn ſi grand concours de peuple, que les aumoſnes ſe monterent incontinent à des ſommes notables.

Ce qui donna occaſion au Reuerendiſſime Eueſque, Monſeigneur Sebaſtien de Roſmadec, & au Seigneur du lieu, Vincent Cadio, de consentir le dessein & le bastiment d'vne Chappelle, sous le nom & l'inuocation de Sainte Anne. Attendāt on dresse vn Oratoire fait à la haste; & la premiere Messe y est celebrée par vn Reuerend Pere Capucin, auec vne affluence de peuple inconçeuable.

A peine la posterité pourra-t'elle croire les progrez, les suites & les succez qui ont paru depuis, à l'estonnement de tout le monde; car le nombre & la diuersité des miracles operez en ce lieu, ne se peuuent quasi imaginer. Et comme les graces spirituelles, sont le but & la fin où Dieu vise par les guerisons corporelles; le miracle des miracles qui honore ce lieu, est la cõuersion des ames. Car on peut dire sans mentir, qu'osté le saint Pelerinage de Lorette; il n'y a lieu de deuotion dans l'Vniuers, où d'abord on reçoiue plus de secrets attouchemens de la grace, plus de vifs sentimẽs de pieté, plus de desirs intimes de renoncer au monde, & de se consacrer à la vertu & au seruice de Dieu. Les murs de l'Eglise portent les marques glorieux d'infinis miracles, que Dieu fait tous les jours en ce lieu pour la santé des corps: & si les Confessionnaux pouuoiẽt & osoient parler, on sçauroit des merueilles incomparablement plus grandes sur le salut des ames.

Mais affin de contribuer dauantage à vn si saint dessein, dés l'année suiuante 1627. on print la resolution d'establir en ce lieu de miracles, les Religieux Carmes Reformez de l'Obseruance de Rennes. Outre la bonne odeur de pieté & de doctrine, que cette Congregation respand en France, principalement en toute la Bretagne, qui est son premier berçeau; & que leur Ordre a des liaisons toutes particulieres à la famille de Iesus, estans enfans & freres de la Vierge, deuots seruiteurs de S. Ioseph, les premiers Gardiens & Chappelains de la sainte Chambre de Nazareth, tant en la Palestine qu'en l'Italie; ce fut la voix de l'Eglise, & les suffrages du Peuple qui choisirent les Carmes Reformez, pour estre depositaires de ce saint lieu.

Monseigneur l'Illustrissime & Reuerendissime Euesque de Vennes, dont la bien-veillance vers l'Ordre des Carmes, est quasi aussi ancienne que sa tres-illustre famille; en passa le Decret auec le consentement de Messieurs de son venerable Chapitre, & du venerable Recteur de la Parroisse de Pleumelet: & Mõsieur le Senéchal d'Auray Philippes Cadio, donna liberalement le fond pour bastir le Monastere.

En suitte des Lettres Royaux, de leur veriffication au Parlement, & en la Chambre des Comptes, des Bulles & Indulgences de nostre saint Pere Vrbain 8. l'entrée des Religieux s'y fait, en l'année mil six cens vingt sept; lesquels seruant à Dieu & à sainte Anne nuict & iour, ont tellement veu multiplier sur ce Saint lieu la rosée du Ciel, & les benedictions de la terre; qu'outre infinis presens, riches ornemens d'Eglise, legs pieux, fondations, & autres bien-faits; l'Eglise & le Monastere paroissent au jugement de tout le monde, comme vn chef-d'œuure d'art & de nature.

Et de vray, ce qui augmente la merueille, c'est de considerer que cette deuotion est accompagnée quasi des mesmes circonstances que celle d'Apt en Prouence; lors qu'à la faueur d'vne pareille lumiere, le corps de Sainte Anne fut découuert. Comme si cette grande Dame, prenoit possession du Royaume de France par ces deux extremitez, la Prouence & la Bretagne. Qu'en toute la Prouince, la deuotiõ de Sainte Anne n'est pas moins ancienne qu'vniuerselle; ne se treuuant quasi aucune Eglise qui ne soit accompagnée d'vne Chappelle, ou Image de Sainte Anne. Et les peres ayant appris à leurs enfans, que huit ou neuf cens ans auparauãt, il y auoit en ce village de Ker-Anna, vne fameuſe Chappelle de Sainte Anne. De ſorte que la voyant reſtablie par tant de miracles, en vn pays où la pieté Catholique ſemble regner, & ne s'y eſtãt coulé aucun des abus populaires, depuis tant d'années qu'elle ſubſiſte; on peut croire, que ſi noſtre ſiecle eſt le ſiecle de Sainte Anne: cette deuotion doit auſſi eſtre la plus ancienne, la plus grande, & la plus illuſtre.

§. 3.

GRACES ET FAVEVRS obtenües en ce lieu miraculeux.

NOvs auons déja insinué, que comme l'ame est plus precieuse, & couste dauantage à Dieu que le corps; de mesme les miracles interieurs qui produisent la sainteté, sont plus frequens & de plus haut prix, que ceux qui ne vont qu'à la guerison des corps. Cependant parce que le peuple grossier ne croit quasi que ce qu'il voit, on peut dire que les miracles exterieurs & les peintures sont le langage du peuple; c'est pourquoy Dieu employe le premier, & l'Eglise le second, pour instruire les fideles, qui n'ont ny assez de raison naturelle, ny assez de force d'esprit surnaturelle, pour penetrer les pures & nuës veritez. Le miracle est vne marque canonique, vne authorité irreuocable, vne voix à laquelle on ne peut resister, vn témoignage que le monde, ny l'enfer ne peuuent legitimemẽt contredire. Aussi-tost qu'il est reconneu, il est auoüé: & on esteindroit plustost le Soleil, que de destruire vne verité establie sur les miracles.

Nostre deuotion de Sainte Anne possede tous ces aduantages, j'ose dire auec plus de plenitude, & d'éclat que tout ce que nous voiõs en sẽblables sujets. Mais d'autant que pour consentir à l'euidence des miracles, il en faut establir l'authorité, & justifier la verité; auparauant que de recueillir les plus remarquables en huit ou dix classes : ie dois inserer en cét endroit le Decret de Monseigneur de Vannes, l'Approbation des Docteurs qui les ont examinez sur le pays;&protester au Lecteur, que j'ay esté plustost scrupuleux à retrancher, que copieux à adjoûter; n'en ayant décrit aucun qui ne soit justifié, ou par actes juridiques, ou par depositions irreprochables.

DECRET DE MONSEIGNEVR L'EVESQVE DE VANNES,

Pour la publication des Miracles de Sainte Anne.

NOVS *Sebaſtien de Roſmadec, par la grace de Dieu, & du ſaint Siege Apoſtolique, Eueſque de Vannes, Conſeiller du Roy en ſes Conſeils d'Eſtat & Priué. Declarons auoir veu, examiné, & fait examiner en noſtre preſence les informations, & procez verbaux* des guarisons arriuées ; tant en l'Eglise de la glorieuse Sainte Anne, bastie en la Parroisse de Plœneret pres Auray, lieu de nostre Diocese: que par les vœux & promesses qu'ont fait plusieurs personnes malades de maladies incurables, d'y venir en cas de guarison, rendre action de graces à Dieu, & à la Sainte. Et ayant meurement consideré, & reconneu, combien il est important pour la plus grande gloire de Dieu, de publier & manifester les merueilles que sa main toute-puissante à operées en faueur de la glorieuse Sainte Anne, reclamée en ce saint & sacré lieu, non *seulement des peuples de cette Prouince, mais außi de toute la Chrestienté. A ces causes, Nous auons creu estre obligez par le soin & vigilance de nostre charge Pastorale, de declarer à tous Fideles, que Nous auons trouué lesdites guarisons & faueurs, estre conformes à la Toute-puissance de Dieu, & n'y auoir rien de repugnant à icelle : & qu'elles sont bien & deuëment verifiées, par personnes juridiquemēt commises, tant de Nous, que des autres Prelats: tant de cette Prouince, que d'autres lieux aux Dioceses desquels les personnes guaries & deliurées de leurs infirmi-*

tez, font leur residence. Donnant à cette fin expresse commission au Pere Bernard de sainte Madelaine, Prouincial des Carmes de la Prouince de Touraine, lesquels nous auons establis pour le Seruice & gouuernemẽt de ce lieu miraculeux ; à ce qu'il aye à en procurer la publication, les faisant imprimer & publier. Le tout à la plus grande gloire de Dieu, manifestation des merueilles operées par l'intercession de la Sainte, & édificatiõ de tous les peuples. Lesquels venans en pelerinage, nous exhortons de faire prieres en ce lieu, pour la prosperité de nostre tres-Chrestien Roy Louys le Iuste,

& de la Reyne Anne son Espouse; à ce qu'il plaise bien-heurer leur sacré mariage de la naissance d'vn Dauphin, heritier de leurs Couronnes & de leurs vertus: pour le bien & auancement de l'Eglise Catholique, Apostolique, & Romaine, & pour la consolation de tous les vrais François; & à fin de les y inuiter auec plus de deuotion, Nous concedons misericordieusement en nostre Seigneur, à tous Pelerins visitans ladite Eglise, & prians comme dit est, quarante iours de vray pardon & Indulgence. Ordonnant que ce present nostre Decret sera exposé, & attaché *en lieu éminent dans la susdite Eglise ; & inseré dãs le narre qui s'imprimera, de l'estat des susdites graces & faueurs. Fait & arresté en nostre Manoir Episcopal de Kerango, ce vingt-sixiéme Avril mil six cens trente-deux. Ainsi sig[illegible], Sebastien de Rosmadec, Euesque de Vannes. Et plus bas, Forot, pour le Secretaire; & scellé du sceau des Armes dudit Seigneur.*

Tous les miracles icy compris, sõt recueillis du Liure entier intitulé, Histoire de la celebre & miraculeuse Sainte Anne ; composé par le R. P. Hugues de Sainct François, & approuué par les quatre Docteurs cy-apres nommez, le

22. jour d'Aoust 1634.

F. PIERRE DE MONCHAUD, *Docteur en Theologie, Religieux de l'Ordre de S. Dominique.*

F. YVES PINSART, *Docteur de Paris, Religieux des Freres Prescheurs, & Theologal de l'Eueſché de Cornoüaille.*

F. ESTIENNE GVIET, *Docteur en Theologie, Gardien du Conuent de Saint François de Rennes, & Custode des Conuens dudit Ordre en Bretagne.*

F. IEAN BERNARD, *Docteur & Professeur en Theologie.* de lordre des ff prescheurs

§. 4.

LES MORTS ONT esté ressuscitez.

LE miracle entre les miracles, est la Resurrection des morts. Aussi est-ce, ce qui dans la créance de tous les Peuples, rend la sainteté d'vn homme plus illustre, & la deuotion d'vn lieu plus recommandable. Dieu qui tient en ses mains les clefs de la vie & de la mort, a voulu donner cours & credit à la deuotion de nostre Sainte, par cette insigne merueille.

Le vingt-septiéme iour de Iuillet mil six cens vingt-neuf, Ieanne Hanson fille d'Yues & de Françoise Brehal, demeurãs en la Parroisse de Gomené, Euesché de Sainct Malo, estant sur la chaussée d'vn estang, proche du moulin où demeuroient ses pere & mere; tomba par malheur dedans l'eau, & y demeura plus d'vne heure, quelque diligence, que peust faire sondit pere, lequel incontinent qu'il en fut auerty, se ietta pour la chercher. Sa pauure mere desolée se prosternant de genoux sur la chaussée, inuocquoit l'ayde de nostre glorieuse Sainte, de la deuotion & miracles de laquelle ils parloient, lors de cét accident. Ce ne fut pas sans effet, car voila que ledit Hanson trouua au fonds de l'eau sa fille, mais helas en quel estat? Sans respir, sans mouuement & sans vie. Ils la portent sur vne table dans le moulin, & luy mirent vne Croix entre les mains; ils poursuiuent leur vœu, promettant de venir en cette sainte Chappelle, ils reclament de tout leur cœur l'assistance Diuine. O merueille! à l'heure de minuict ils apperçeurent la trespassée se mouuoir, tournant la prunelle de ses yeux, ils approchent de plus, prés croyant se tromper. Mais leur doute cessa, quand ils entendirent sa voix, disant ma mere ie veux dormir. Alors ces pauures affligez tressaillirent de joye; & le pere tout à l'instant prist vn baston de pelerin, & s'achemina pour venir remercier sa bien-factrice, & accomplir son vœu. Ce miracle diuulgué, imprima dans les cœurs, de toutes les personnes du voisinage, la confiance en nostre grande Sainte. Il en fut fait vne information juridique par vn Commissaire Ecclesiastique, en vertu d'vne commission obtenuë à cét effet de Messieurs du venerable Chapitre de l'Euesché de Saint Malo, le siege Episcopal vaquant, en datte du septiesme Feurier mil six cens trente & vn. Et furent interrogez dix tesmoins, qui attesterent le fait veritable, le premier iour d'Auril mil six cens trente vn.

N'est pas moins miraculeux le fait qui suit. Vne petite fille agée d'vn an & demy, ayant esté laissée dans son berceau, & renfermee seule dans le logis par sa mere, nommée Guillemine le Corgne, femme de Iean Trouué, de la

Parroiſſe d'Iſendix, Eueſché de S. Malo, laquelle eſtoit allée faner; apres ſon retour regardant par la feneſtre de la chambre, elle ne l'apperçeut point, & s'eſcriant eſperduëment appella ſes voiſines: leſquelles eſtãs entrées trouuerent l'enfant hors le berçeau, penduë par le col auec l'vn des liens qui ſeruoient à la retenir, ayant la face toute noire, ſans reſpir, ny aucune apparence de vie. Sa triſte mere accompagna ſes larmes d'vne ferme confiance, & voüa ſon enfant à Sainte Anne. Son pere qui ſuruint quelque tẽps apres, ratifia le vœu; & lors la decedée commença à ſouſrire à vn petit enfant qui eſtoit proche d'elle, le viſage luy eſtant deuenu auſſi beau qu'auparauant. La declaration en fut donnée le vingt-cinquiesme Iuillet, mil six cens trente & vn.

Marie Labbé, pauure femme de la Parroisse de Menchy, tresue de Ploüet, Euesché de Treguier, seruoit en la maison de Iacques le Moulé, en la mesme Parroisse; & allant vn jour querir du bois à la barje de fagots, estant montée sur la marselle du puits, tirant vn fagot tomba à la renuerse la teste la premiere dedans, & y demeura pres de trois quarts d'heure, sans que personne s'en aperçeust. Ledit Moulé voyant qu'elle ne retournoit point, fit recherche tout autour du logis où elle pouuoit estre; il approche du puits où il apperçeut l'extremité des pieds, ayant la teste en bas dedans l'eau. De sorte que s'estant écrié, Françoise le Goüeno sa femme ſortit de la maiſon : & ayant ſçeu de luy l'accident, ils voüerent à Sainte Anne celle qu'ils croyoiēt morte ; laquelle ayant retirée comme telle, ils enuoyerent querir le Recteur, & en reïterant leur vœu auec larmes, en fin elle commença à ſe mouuoir, & donnant des marques aſſeurées de vie, cauſa des rauiſſemens de joye à tous les aſſiſtans ; dont huit ayant eſté interrogez, declarerent ce que deſſus eſtre veritable, le cinquiéme Octobre mil ſix cens vingt-huit.

Mais qui n'admirera la vertu de noſtre grande Sainte, au miracle ſuiuant ? Iean Marquer de la Parroiſſe de Saint Goulay, Eueſché de Saint Malo, auoit vne fille nommée Françoiſe, âgée de dix ans ; laquelle tomba par malheur, en passant la chaussée du moulin du Vauferrier dans la bonde, d'où la violence de l'eau l'emmena incontinent sous la rouë du moulin, où elle fut vn quart d'heure embarassée sans estre secouruë ; jusques à ce que ceux qui estoient au dedans du Moulin voyant la rouë arrestée, sortirent pour voir ce qui l'empeschoit : & ayans apperçeu ladite fille, la tirerent promptement comme morte : & l'ayans mise dans vn linçeul sur vne table, n'ayant aucune apparẽce de vie, ne sembloit demander que la terre pour sepulture. Son pere qui estoit lors absent arriua, & voyant ce piteux spectable, parmy les transes de la nature eut recours à la Grace, recommandant auec sa femme leur fille à Madame Sainte Anne, promettant de venir en voyage en ſa Chappelle pres Auray. Le vœu ne fut pas pluſtoſt fait, que celle qu'ils contoient déja au nombre des morts reſuſcita, & donnant des marques de vie auec vne parfaite ſanté, conſola ſes triſtes parens, n'ayant aucun mal de ſon accidẽt, que quelques eſgratigneures au front pour marque du miracle : & demanda toſt apres d'aller voir, & monſtrer l'endroit où elle eſtoit tombée. Ils accomplirent leur vœu, & pour vne plus grande gloire de la Sainte, on fit vne information autentique ; en laquelle furent ouys cinq teſmoins, le trente-vniéme de Mars mil ſix cens trente vn.

Ie ne puis oublier la ſinguliere faueur arriuée à noble homme François de Cairin, & à Damoiſelle Françoiſe l'Eſcuyer, Sieur &

Dame des Croix, demeurans en la Parroisse d'Entrain, Eueſché de Rennes; leſquels ayans eu nõbre d'enfans, n'en pouuoient nourrir & eſleuer aucun. Ils nommerent vne fille par vœu du nom d'Anne, laquelle nourrie, & eſleuée ſoigneuſement, juſques à l'âge de douze ans, leur eſtoit vrayement vne fille de benediction & de conſolation. Mais ladite Anne de Cairain, eſtant demeurée ſeule auec vn autre enfant proche d'vn preſſoir à cidre, pendant que les ouuriers eſtoient allez diſner : par malheur le bout de la brandelle qui fait tourner la pile attrapa ſes habits, & la preſſant & oppreſſant contre la muraille la fit expirer, le cheual ayant toûjours tiré auec violence; juſques à ce que la machine fut arreſtée par le corps de la fille, lequel tout moulu n'occupoit pas l'espoisseur de deux pieds. Elle demeura plus d'vn quart d'heure en cét estat pitoyable, jusques à ce qu'vne femme se trouuãt par occasion, la tira hors: mais helas en quel estat? Le corps tout froissé, la langue tirée, les yeux à demy sortis hors de la teste, le visage tout noir, sans mouuement, sans respir, ny aucune apparence de vie. On la porta dans la maison de ses parens, où elle fut jettée dessus vn lict, & y demeura enuiron trois heures, chacun jugeant qu'elle ne demandoit que la terre. Ses parens tous déconfortez, ne sçachant comment soulager leur ennuy qu'ils voyent sans remede humain : par vne inspiration particuliere, implorerent le Diuin par les merites de nostre glorieuse Sainte ; & voüerent de faire voyage à sa Chappelle, & d'y mener leur fille en cas qu'elle receust la vie, y laisant pour marque perpetuelle les habits blācs qu'elle auoit portez en son honneur, & dont elle estoit reuestuë. Chose miraculeuse ! à l'instant elle commença à se mouuoir, & donnant des marques de vie, rauit d'estonnement plus de cent personnes qui estoient presens. Le vœu fut accomply auec jubilation de cœur ; & le faict rendu auttentique par la declaration des pere & mere, signée de quatre tesmoins, le jour de Sainte Anne, vingt-sixiéme Iuillet mil six cens trente.

Iean le Maire, Taneur, en la Parroisse de Bonnemain, Euesché de Dol, auoit vne fille âgée de trois ans & demy, nommée

Perrine ; laquelle par malheur tomba dans l'vn des pelains, qui sert à l'accommodement de ses cuirs, l'eau estant pour lors glacée. Apres la cheutte, elle fut aussi-tost enseuelie dessous l'eau, sans que personne s'en apperçeust, fors vn enfant âgé de cinq ans, qui en donna aduis long-temps apres au triste pere ; lequel se transporta sur le lieu, & se prosternant de genoux, fit vœu à la glorieuse Sainte de venir en voyage en sa Chappelle prés Auray, & d'y faire dire la Messe. On tira la fille toute roide morte, sans respir & sans mouuement. Elle demeura en cét estat depuis midy jusques à six heures du soir : & déja on disposoit son suaire, lors que sondit pere parmi les sanglots de la Nature, fit paroistre la confiance qu'il auoit en nostre glorieuse Sainte. Car redoublant son vœu, il veid incontinant la defunte souspirer, puis se mouuoir, & en fin parler; dequoy chacun rendit graces à Dieu & à la Sainte: mais le pere plus que tous rauy d'estonnement, & plein de ressentiment de la grace receuë, s'acheminant au saint lieu; & s'aquittant de son vœu, donna vne ample declaration de ce que dessus, laquelle puis apres fut verifiée par Messire Iulien Herbert, Recteur de ladite Parroisse, & Bachelier en Sorbonne, Commissaire en cette partie de Monseigneur l'Euesque de Dol.

Vn autre enfant nommé Georges Houzé, âgé seulement de seize mois, tomba par accident dans vn puits, profond de dix-sept à dixhuit pieds. Mathurin le Cœur, bou-

boulanger entendit vne voix plaintiue passant prés ledit puits, laquelle l'ayant obligé de regarder dedans, voyant que c'estoit vn enfant, il en aduertit promptement Guillaume Houzé & Perrine Couapel, pere & mere de l'enfant; lesquels à l'instant firent vœu à Sainte Anne, & promirent de venir en sa Chappelle miraculeuse, ce que fit pareillement Ieanne Couapel leur sœur. Apres quoy ledit Houzé estant descendu dans le puits, il trouua son fils la teste en bas dedans l'eau, d'où l'ayant retiré, sans mouuement & sans vie, il redoubla son vœu, & l'ayant emporté dans le logis, vne heure aprés il apperçeut que l'enfant commença à respirer, prit la mammelle, & apres auoir vn peu dormy, estant leué, il chemina comme auparauant, dont ils rendirent graces à Dieu, & à la glorieuse Sainte. Il en fut fait vn procez verbal, par commission de Monseigneur de Dol, pardeuant Messire Iean Duynez, Recteur de la Parroisse de Roz sur Couäsnon, audit Euesché, le trentiesme de Decembre mil six cens trente-six.

§. 5.

LES MVETS ONT PARLÉ.

NOstre Seigneur ne fit dãs le cours de sa vie aucun miracle, qui marquât dauãtage son pouuoir, & qui fît plus remarquer aux Iuifs les insignes faueurs, qu'en déliãt la langue de leurs muets, qui par apres estoient les herauts de sa vertu diuine. De mesme ie diray le sentiment des peuples, si ie dis que rien n'a tellement touché leur admiration, que les muets qui ont fait retentir leur voix pour publier la vertu de nostre grande Sainte.

Ainsi le fit François Kermelot, de la Parroisse de Põmerec, Euesché de Saint Brieu en Bretagne; lequel ayant demeuré muet l'espace de quatorze ans, fut inspiré d'aller en voyage à la nouuelle Chappelle de Sainte Anne, dont l'odeur, comme vn precieux vnguent se respandoit par tous les endroits de la Bretagne. Il se fit accõpagner en ce pieux dessein, par vn sien frere nommé Leonard Kermelot: & estãt arriué il se prosterna deuant l'Image miraculeuse de la glorieuse Sainte, luy parla du bon du cœur, ne le pouuant de la bouche. Chose merueilleuse! il reçeut à l'instant l'vsage de la parole, & eut autant de tesmoins du miracle, qu'il y auoit de Pelerins, qui s'en retournerent publians partout le pouuoir & la misericorde de la Sainte; mais luy particulierement qui ne treuuoit pas assez de monde à qui tesmoigner ses ressentimens. Le faict fut verifié sur le lieu, par le Curé & plusieurs autres de sa Parroisse, qui signerent leur declaration, le vingt-septiéme iour de Nouembre mil six cens vingt-cinq.

Vn jeune enfant nommé François le Boucher, fils de Sebastien, contre-maistre d'vn vaisseau de Grand-ville en l'Euesché de Coustance en Normandie, n'auoit jamais proferé aucune parole, bien qu'il fust âgé de huit ans; ses parens eurent recours à plusieurs remedes; mais en vain, cette cure estoit reseruée à la main bien-faisante de nostre grande Sainte. Car son pere fut inuité par le recit qu'on faisoit des miracles, qui s'operoient journellement en sa Chapelle prés Auray, de faire vœu d'y aller pour son enfant. Le vœu fait il s'y achemina tost apres, & fit dire la Messe deuant le sacré Autel: Mais pendant que le Prestre offroit ce diuin Sacrifice, la glorieuse Sainte deslioit la langue de l'enfant, qui commençant à parler, combla de cõsolation ceux de la maison; lesquels au retour du pere luy remarquerent l'heure & le iour de la guarison de son fils qu'il reconneut estre ceux ausquels on celebroit pour luy. Il retourna à quelque temps de là, qui fut le dix-neufiesme Nouembre mil six cens vingt-huit, auec six tesmoins qui verifierent ce que dessus.

Mathurin Doulcy, fils de noble homme Iulien Doulcy, & de Damoiselle Iulienne de la Houlle, auoit demeuré jusques à l'âge de cinq ans muet, sans pouuoir proferer aucune parole. Il fut voüé par ses pere & mere à Sainte Anne, & conduit par apres en sa Chappelle miraculeuse prés Auray; Pendant la Messe qu'vn Religieux du Conuent disoit à son intention, l'enfant commença à parler, & demanda vn sol pour donner en offrande à Sainte Anne, ce qui estonna grandement ceux qui l'auoient conduit, lesquels le voyant continüer à bien parler, en firent vne information juridicque en vertu de la commission du grãd Vicaire de Monseigneur l'Euesque de saint Malo, pardeuant les Iuges de la Iurisdiction Royale de Ploermel, le deuxiéme Decembre mil six cens tren-te-cinq.

Il y a cinq autres guerisons non moins miraculeuses, dont il y a des declarations.

§ 6.

LES BOITEVX ET PERCLVS ont cheminé.

LA multitude presque infinie de ceux qui ont esté gueris de ces sortes d'infirmitez, est assez signalée par le nombre des anilles qui couurent les murailles de cette sainte Chappelle. Nous ne mettrons icy que les plus remarquables, & aucrez.

En l'année mil six cens vingt-huit, Adrien Iudeaux, Charpẽtier de son mestier, natif de la Parroisse de Messac, Euesché de Rennes, tomba en vne grande maladie vers la feste de S. Michel; de sorte qu'il deuint paralitique, ne se pouuant remüer en aucune façon, & fut six mois en cét estat: apres lesquels ayant les jambes toutes retirées, & les nerfs racourcis, il se traisnoit tout courbé, s'apuyãt sur ses mains, & touchoit en ce piteux estat les cœurs de ceux qui le voyoient à grande compassion. Mais Dieu qui vouloit tirer de sa guarison vn tesmoignage authentique, du pouuoir & des merites de sa tres-sainte Ayeule, luy inspira le desir de faire le voyage en sa Chappelle prés Auray. Qui n'eust creu que son impuissance de marcher estoit vn assez éuident sujet de dispense. Mais la prouidence Diuine en disposa autrement, le conduisant en diuers endroits pour rendre le miracle plus glorieux : la charité de plusieurs luy preparant les moyens d'effectuer son dessein. Du village où il demeuroit, il fut porté au port de Messac, de là en la ville de Redon, où il fut vn long-temps, & de là à la Roche-bernard, attendant la charité & commodité d'vn batteau, qui le porta en la ville du Croisic. Où ayant demeuré quelque temps, tirant à compassion tout le monde; en fin la Procession de cette deuote Ville allant par mer audit lieu de Sainte Anne, il s'embarqua aussi. Estant arriué plein de joye & de confiance, il se confessa & communia, se tenant proche de ce sacré Autel de refuge, chacun ayant pitié de son infirmité. Mais nostre glorieuse Sainte plus que tous; car elle luy dõna sa parfaite guarison, le renuoyant comme heraut de son pouuoir, dans les endroits où il auoit esté en venant à son voyage, & ayant ses anilles sur les espaules, alloit par tout remply de joye, ne trouuant pas assez de monde pour publier la misericorde de sa bien-factrice. Ce miracle a esté juridiquement authorisé, par vne information faite par commission de Monseigneur l'Euesque de Rennes, datée de l'vnziesme Mars mil six cens trente vn.

Bertrande Gaultier, fille de maistre Sebastien & de Mathurine Menguy, demeurãs à Medrignac, Eueſché de saint Malo, demeurée percluse de l'vsage d'vn bras, & des jambes, & en fin abandonnée des Medecins, se voüa auec affection à Sainte Anne, ce que firent aussi ses parens, promettans de la faire transporter en la Chapelle, bastie en son honneur prés la ville d'Auray; où ayant fait celebrer la sainte Messe, & laué les bras & les jambes de la malade, auec l'eau de la fontaine qui est proche de la Chappelle, elle cõmença à recouurer le maniement de ses membres perclus, & tost apres la parfaitte guarison, au grand estonnement de tous les habitans de la Ville. Il en fut fait information bien juridique, par vn Commissaire Ecclesiastique, le Seneschal & Officiers dudit lieu, le vingt-neufiéme Mars mil six cens trente & vn.

N'est pas moins miraculeuse la guarison de Bernard Guillouet, fils de Pierre & de Perrine Euein, de la Parroisse de Breteil, Euesché de ſaint Malo. Lequel en l'âge de quatorze ans, ſautant auec d'autres enfans par vne feneſtre, ſur de la paille, ſe ploya la jambe & ſe la demiſt. On le fiſt traitter auec diligence, ſans aucun ſoulagement : Car la jambe luy enfla fort groſſe, & ayant abouty dans le genoüil, auec des pointures fort douloureuſes, il s'y fit cinq ou ſix trous, par leſquels l'eſpace de ſix mois il découla continüellement du pus, apres quoy les nerfs ſe retreſſirent ; de ſorte qu'il demeura perclus de cette jambe droite, l'ayant toute courbée en arriere, & ſe porta ſur des anilles, l'eſpace de cinq ans : juſques à ce que s'eſtant tranſporté en noſtre Chappelle de Sainte Anne, auec beaucoup de peine, il s'en retourna auec allegreſſe, & rauit d'eſtonnemẽt sa bonne mere, quand elle le vit sain & gaillard. Ce miracle a tellement touché les cœurs des habitans de ladite Parroisse, que Sainte Anne est leur vnique refuge, & se peut à bon droit appeller la bien-aymée de nostre grande Sainte, y estant arriué plusieurs miracles, pour la verification desquels Messire Gilles Catherine, Recteur d'icelle, & Notaire Apostolique, s'est employé auec beaucoup de pieté, comme Commissaire Ecclesiastique.

Nostre grande Mere de misericorde n'oublia pas vn pauure enfant demeuré Orphelin, nommé Maurice Iacquelin, de la Paroisse de Quipry, Euesché de Saint Malo; lequel à raison d'vne grande maladie, où il fut peu soigné à cause de sa pauureté, demeura impuiſſant de ſe mouuoir, ayant les jambes retrouſſées & jointes aux cuiſſes, & traiſna miſerablement ſa pauure vie en cét eſtat juſques à ce que Iean Cloteaux, laboureur, demeurant en ladite Parroiſſe, touché de compaſſion le voüa à Sainte Anne, & amaſſa ſuiuant la couſtume du pays, par aumoſne, dequoy faire dire vne Meſſe deuant ſon ſacré Autel à l'intention du pauure affligé. Dieu agréa tellement la charité de ce bon-homme, qu'en faueur de la glorieuſe Sainte, il donna la ſanté au malade.

Françoiſe Bocher, fille de Maiſtre Iean Bocher, Procureur au ſiege Royal de Ploermel, Eueſché de ſaint Malo, & de Françoiſe l'Archer ſa femme, fut trauaillée l'eſpace de ſix ans d'vne defluxion au pied gauche, qui le fit pourrir, & en fit sortir vne grande puanteur, & en fut tiré nombre d'esquilles d'os tous gastez. Ce qu'ayant esté jugé incurable par le Medecin, Chirurgien, & Apotiquaire, qui l'auoient traittée, ils conclurent à coupper; & comme ils s'apprestoient, la gangrene s'estant déja accueillie dans la playe, la mere toute éplorée ne le voulut pas souffrir, & la remettant entre les mains d'vn plus pitoyable Medecin, la voüa à Sainte Anne d'Auray, promettant de l'y faire transporter, & incontinent apres, elle fut guerie. Et affin de manifester vne si miraculeuse guarison, en consequence de la cõmission susmẽtionnée, fut faite vne information en laquelle furent interrogez les susdits Medecin, Apotiquaire & Chirurgien, qui atte-ſterent ce que deſſus eſtre veritable ; & pluſieurs autres teſmoins qui ſignerent leurs depoſitions, renduës pardeuant le Seneſchal, Procureur du Roy, & autres Officiers, le treiſiéme Mars mil ſix cens trente & vn.

Perrine Deſchamps, fille de Maiſtre Iulien Deſchamps, & de Françoiſe Gallays ſa femme, demeurans en la Parroiſſe de la Boixiere, Eueſché de Rennes, dés ſa naiſſance; juſques à l'âge de cinq ans, demeura impuiſſante de ſes membres, ayant les jambes fort tortes & petites, les pieds crochus, & tout le corps contrefait, ne pouuant faire vne ſeule demarche. Sa grande mere, nommée Guillemine Iolif, la voüa à Sainte Anne, comme firent auſſi ſes pere & mere, qui promirent de venir en voyage en sa Chappelle prés Auray. Chose miraculeuse! le iour de sa Feste, en l'année mil six cens trente-deux, ses pere & mere estans à la table pour prendre leur refection, la malade se leua toute droite, le corps bien composé & redressé, s'achemina vers icelle, & en leur demandant à desjeuner, leur en donna le meilleur qu'ils eussent jamais eu, dont ils benirent Dieu; & accomplirent tost apres leur vœu, & en firent dresser vn procez verbal en vertu de la Commission cy-dessus mentionnée, par le Recteur & Officiers de ladite Parroisse, le troisiesme iour de Iuillet mil six cens trente-trois.

Mathurine Guillemois, demeurante en la Parroisse de Hirel, Euesché de Dol en Bretagne, apres auoir esté l'espace de dix ans affligée de mal caduc, & impuissante de cheminer, se traisnant sur ses genoux & sur ses mains, sans auoir peû receuoir aucun soulagement dans son mal, fit vœu de venir en voyage à Sainte Anne prés Auray, s'il plaisoit à Dieu luy donner du soulagement dedans ses infirmitez. Le vœu ne fut pas plûtost fait, qu'elle receut la parfaitte guarison de l'vne & l'autre maladie: ce qui l'obligea tost apres d'aller accomplir son vœu, par deux diuers voyages qu'elle fit à pied, sans aucune difficulté.

Maistre Pierre Garnier, marchand Libraire, demeurant en la Parroisse de saint Germain, en la Ville de Rennes, auoit vne fille nommée Estiennette ; laquelle touchoit de cõpassion tous ceux qui la voyoient, car elle estoit dans vn continuel tremblement de tous ses membres, de la teste & du col, ayant les bras & les mains tournez & renuersez. La tendresse du pere l'obligea de rechercher tous les moyens humains possibles pour sa guarison : mais en vain, les Medecins iugeans la maladie incurable. Enfin il voüa sa fille à nostre glorieuse Sainte, promettant de la conduire en sa Chappelle miraculeuse prés Auray, & d'y faire celebrer la sainte Messe à son intention. Le vœu ne fut pas plûtost fait, que le tremblement cessa; & fut entierement guarie, cheminant facilement. Ce miracle si éuident, fit bien reconnoistre le pouuoir de nostre grande Sainte ; tirant de l'admiration de tous ceux qui ayant veu la malade en si piteux estat ; & en vn instant la santé si affermie, en benirent Dieu. Le pere se mit en deuoir d'acquiter son vœu, & alla en la Chappelle miraculeuse, le trente & vniesme Aoust mil six cens trente-quatre, & en donna declaration. Pour laquelle rendre plus authentique, il en a esté fait information par commission de Monseigneur l'Euesque de Rennes, par Messire Iean Cauchart, subcuré de ladite Parroisse de S. Germain, le second iour de Decembre mil six cens treute-six.

Pierre Gandon, & Perrine Amyot son espouse, demeurans en la Parroisse de Vezin, Euesché de Rennes, auoient vne fille âgée de cinq ans, nommée Perrine, impuissante dés sa naissance de marcher & de parler, sans aucun espoir de guarison. Ils la voüerent à Sainte Anne, promettant de faire voyage en sa Chappelle miraculeuse, s'il plaisoit à Dieu par les merites de la Sainte, de luy donner la parole, & la liberté de cheminer. Le vœu fait, elle receut entiere & parfaite guarison.

Vn enfant, nommé Iean Farouel, âgé seulement de trois ans, deuint entieremẽt paralitique; & demeura en cét estat l'espace de trois autres années, ayant les jambes croisées, sans qu'on peust les luy séparer. Ses pere & mere apres l'auoir fait visiter par les Medecins & Apothicaires, qui jugerẽt le mal incurable, le voüerent à Sainte Anne; & le pere s'estant acheminé en sa Chappelle pour accomplir leur vœu: à son retour il trouua son fils les jambes détachées, le corps droict & commençant à marcher; remply de joye, il remercia Dieu & la glorieuse Sainte.

Il y a nombre d'autres pareilles guarisons, qui peuuent fournir au lecteur vn surcroist de consolation.

§. 7.

MALADES DE MAL caduc ont esté guaris.

SI aucune maladie doit estre appellée mortelle, l'Epilepsie ou mal Caduc en est vne, non soullement parce qu'elle est sans remede, mais aussi pource que ses atteintes sont autant de morts. N'est-ce pas mourir tout vif que de se deschirer, precipiter, & en perdant l'vsage de la raison, faire sur soy ce que la rage des bestes les plus cruelles, fait sur ce qu'elles rencontrent pour leur seruir de proye? Ne diroit-on pas que Dieu pour la punition du peché ne se sert point d'autres executeurs de sa Iustice, que de nous-mesmes; neantmoins Dieu permet souuent ces infirmitez, comme ordonnées pour la manifestation de la gloire de sa tres-sainte Ayeule.

Vne jeune fille âgée de douze ans ou enuiron, nommée Perrine Aubrée, fille de Iean & de Robert de Fourel, Parroissiens de Cheuaigne, en l'Euesché de Rennes, fut

fut griefuement affligée du mal caduc,& traitée par diuerses fois des Medecins, Apothicaires & Chirurgiens,sans aucun soulagement. Car par trois fois le jour elle tomboit de ce mal,mais auec telle rage,qu'elle se deschiroit & débattoit fort cruellement,& priuée de jugement se vouloit precipiter, si on ne se fut tenu prés d'elle pour la retenir, à quoy les plus forts estoient bien empeschez. Ses tristes parens ne sçachãs plus quel remede chercher, s'auiserent de la voüer à Sainte Anne. De faict ils entreprindrent le voyage,& y arriuerent le Ieudy premier de May, en l'année mil six cens trente, auquel jour elle tomba auec plus de vehemence que jamais.Mais le lendemain à l'heure qu'ils sçauoient que le mal agitoit ordinairement leur fille, ils firent celebrer la sainte Messe à son intention, par l'vn des Religieux du Conuent, deuant l'Autel de la glorieuse Sainte. Chose merueilleuse, & digne de remarque! à mesme heure elle receut la santé, & ne tomba point dans les accidens du mal. Ses parens retournez dans leur maison trouuerent leur fille pleine de joye, & entierement guarie: dont ils remercierent Dieu, & la glorieuse Sainte. Ce miracle si euident, qu'il ne peut estre contredit, fut juridiquement veriffié par vn Commissaire Ecclesiastique, qui interrogea sept tesmoins qui l'attesterẽt, le vingtiesme du mois de May, en l'année mil six cens trente & vn.

Françoise d'Arthois, femme

de Iean Baron, Parroiſſiens de Chané, en l'Eueſché de Rennes, fut grieſuement affligée du mal caduc par l'eſpace de vingt-huit ans, ſans y pouuoir trouuer aucun remede, tombant de ce mal plus de vingt fois le iour, auec de telles & ſi eſtranges violences, eſcumant de la bouche & grinçant des dents, auec des cris ſi eſpouuantables, qu'on luy deffendit l'entrée de l'Egliſe, d'autant que ſes accez luy eſtoient ſi frequens, qu'elle troubloit le ſeruice Diuin, notamment quand on chantoit le ſaint Euangile. Elle fut conſeillée de faire vœu, de venir par aumoſne en la Chappelle miraculeuſe de Sainte Anne. Elle n'eut pas plûtoſt fait ſon vœu, qu'elle fut entierement guarie, & n'a jamais plus retombé dudit mal:

ains a demeuré en pleine santé au grand estonnement des habitans du pays; lesquels dans vne information juridique, plus de trente attesterent & signerent le vingt & sixiesme May mil six cens trente & vn.

Ces deux miracles suffiront pour manifester le pouuoir de la Sainte en pareilles maladies; il y en a six autres, qui ne sont pas de moindre consideration.

§. 8.

AVEVGLES ONT ESTE' illuminez.

L'Aueuglement qui nous priue de la veuë de ce beau monde, est au iugement de Tobie vn sommaire de toutes calamitez. En ce piteux estat, demeura l'espace de huit ans, vn nommé Mathurin Sauin, de la Parroisse de Ploüane, Euesché de S. Malo; lequel parmy les ennuis de sa vie, receut vn iour la consolation d'entendre parler de la deuotion de Sainte Anne prés Auray, & des grands miracles qui s'y faisoient journellemẽt. Son cœur fut touché de deuotion, & tout ensemble sa volonté de desir de voüer le voyage. Il le fit auec affection, & s'estant mis en chemin sous la conduitte d'vn sien fils, il accomplit son vœu, & en remporta l'enterinement de sa requeste, reçeuant la veuë tres-parfaittement.

Michel Mahé, de la Parroisse de Tredenlac, Euesché de Saint Brieu, auoit esté priué de l'vsage de l'œil gauche depuis vingt-quatre ans, & fut par vn accident l'espace de cinq mois aueugle de tous les deux. Cependant il fut traitté sans aucun soulagement, & abandonné sans esperance de guarison. Alors il fit vœu de venir à Sainte Anne, & incontinent il receut la veuë des deux yeux, au grand estonnement de tout le monde.

Ieanne Morel, fille de Guillaume, de la Parroisse de Plenée-Iugon, Euesché de S. Brieu, par la petite verolle perdit entierement la veuë, ayant les deux yeux tous couuerts de tayes blanches. Il auoit déja demeuré quatre mois en cét estat; son pere poussé de deuotion la recommanda à Sainte Anne, auec promesse de l'amener en sa Chappelle prés Auray: & à l'instant elle recouura la veuë, auec admiration de tous ceux qui l'auoient veuë auparauant. Ledit Morel vint accomplir son vœu, auec sa fille qui apparut saine & clair-voyante deuant tout le monde. On fit vne verification de ce que dessus, où furent ouys sept tesmoins de ladite Parroisse, le vingt-neufiesme Iuin mil six cens trente-deux.

Françoise Tribodet, de la Parroisse du Bois Geruily, Eueſché de Saint Malo, estant demeurée aueugle apres vne grande maladie de la petite verolle, ne pouuoit trouuer remede humain pour sa guarison; ayant les yeux fermez & couuerts, sans esperance qu'elle les peust jamais ouurir. Oliuier Tribodet son pere la voüa à Sainte Anne, & s'estant mis en chemin pour l'accomplissement de son vœu, à mesme temps qu'il estoit dans la Chappelle miraculeuse, la malade demeurée au logis auec Anne Haboul sa mere, & Iean Labbé son oncle, ouurit subitement les yeux, & fut entierement guarie de son aueuglement. Ce qui les obligea tost apres, de conduire leur fille en ladite Chappelle, pour rendre action de graces du Miracle, dont ils donnerent declaration, authorisée puis apres par vne information juridique du premier jour de Fevrier mil six cens trente sept.

Il y a douze autres pareilles guarisons miraculeuses, qui peuuent faire voir clairement combien nostre grande Mere de misericorde regarde benignement ceux qui la reclament.

§. 9.

LES MALADES d'escroüelles guaris.

ON sçait assez que le mal des escroüelles, est intraitable aux remedes humains : & que Dieu seul s'en est reserué la cure, & à ses Saints, par leurs intercessions : & ne l'a communiquée par priuilege sinon à nos Roys tres Chrestiens, esquels comme l'vnction & le Sacre sont miraculeux, aussi produisent-ils vn caractere particulier pour cét effet. Autant de touchées que font nos Roys, sont autant de miracles, & par toute la terre habitable il y a des bouches qui publient cette verité.

Nostre grande Sainte s'est aussi renduë recommandable, en cette sorte de guarison : particulierement dans vn jeune enfant de l'Euesché de S. Brieu, fils de noble homme Oliuier le Pape, & de Damoiselle Margueritte Leon, sieur & Dame de la ville Rabet. Lequel ayant experimenté en vain tous les remedes possibles, anima la pieté de ses parens pour voüer sa guarison à Sainte Anne, dont la deuotion estoit nouuellement establie, & se respandoit par tout. La nuict suiuante la glorieuse Sainte Anne s'apparut au pere, fort ennuyé du mal de son fils ; & luy demandant ce qu'il vouloit, il respondit guarison ; tu l'obtiendras, dit-elle; & en dispa-roissant eust laissé vn doute que c'eust esté vn songe, si la nuict suiuante l'enfant n'eust esté parfaitement guary, par vne autre vision non moins miraculeuse.

Car vn enfant beau & blanc à merueilles s'apparut au malade, & en le caressãt toucha sa playe, & puis se retira. Qui ne croira que c'estoit l'amoureux Iesus, lequel paroissant en cét âge, voulut donner à connoistre qu'il faisoit cette cure en faueur de sa tres-Sainte Ayeule? Et de vray, le malade s'estant escrié, appella ceux du logis, lesquels estans tous leuez, furent infiniment consolez de voir la playe totalement guarie & consolidée, n'y restant qu'vne petite cicatrice rouge, pour marque du miracle. Lequel estant publié, toucha les cœurs de tout le mõde d'vne ſinguliere deuotion. Cecy arriua en l'année mil ſix cens vingt-cinq, peu apres l'origine de la deuotion. Il en fut fait vn procez verbal, en vertu de la commiſſion de Meſſieurs les grands Vicaires du Venerable Chappitre de S. Brieu, le Siege Epiſcopal vacant ; par Meſſire François Auffray, Chanoine en ladite Egliſe, & Recteur de Pledun, aſſiſté de Nottaires & autres teſmoins.

La guariſon de Charles Bloüet, fils de Iean, & de Philippe Collé ſon eſpouſe, demeurans en la Parroiſſe de Guignen, Eueſché de S. Malo, n'eſt pas moins miraculeuſe. Car apres auoir experimenté par l'eſpace de quatre ans pluſieurs remedes, pour eſtre guary des eſcroüelles qu'il auoit dans vne jambe, qui en estoit toute rongée & pourrie, dont mesme auoient esté tirées plusieurs esquilles d'os par les Chirurgiens qui le traittoient; enfin ses pere & mere le voüerent à Sainte Anne, & promirent de l'y faire transporter: ce qu'ayant executé, & fait dire plusieurs Messes pour sa guarison, il fut entierement guary, à leur tres-grande consolation. Dont se ressentans grandement obligez, ledit Bloüet pere fit dresser vn procez verbal par le Seneschal & Officiers dudit Guignen, pour seruir d'authẽtique à la verité du miracle cy-dessus: cela se passa au mois de May, en l'année mil six cens vingt-huit.

Françoise Oudeuse, femme de Guillaume Deshommes, maistre Teinturier, demeurant en la Parroiſſe de S. Germain, de la ville de Rennes, apres auoir eſté par l'eſpace d'vnze ans affligée d'eſcroüelles dans vne jambe, auec carie d'os, de ſorte qu'elle ne pouuoit marcher, ny ſe ſoûtenir qu'à l'appuy de deux annilles: apres auoir eſté traittée par pluſieurs remedes, enfin elle fut abandonnée, & ſon mal jugé incurable de ceux qui la traittoient. Elle fut meſme reduitte à telle extremité, qu'elle demeura l'eſpace de ſix ou ſept jours ſans prendre aucuns viures: de ſorte que ſon mary n'attendãt plus de remedes naturels, eut recours aux diuins, & voüa ſa femme à noſtre glorieuſe Sainte; promettant qu'ils feroient voyage en ſa Chappelle miraculeuſe, s'il plaiſoit à Dieu par ſes merites, de luy redonner la ſanté. Cette promesse fut si aggréable à Dieu, & à la Sainte, que la malade fut entierement guarie, & alla dés le lendemain à la grande Messe en l'Eglise S. Germain, sans annilles ny autre appuy, voire mesme elle alla jusques à demie lieuë de la Ville à pied, sans aucune incommodité. Ce Miracle si éuident a esté authorisé & veriffié, par commission de Monseigneur l'Euesque de Rennes, à laquelle furent ouys quatre tesmoins, le premier jour de Decembre mil six cens trente-six, auec l'attestation de maistre Nicolas Clement, expert Chirurgien, qui l'auoit traittée & iugée incurable.

§. 10.

PERSONNES AFFLIGEES de descentes sont guaries.

MAistre Bertrand Molnier, & Laurence Durant sa femme, de la Parroisse de Tallésac, Euesché de S. Malo, auoient vn enfant nommé François ; lequel dés sa naissance fut affligé d'vne descente de boyau du costé droict, fort prodigieuse. Ils experimenterent pour sa guarison tous les remedes possibles, mais en vain. Enfin ils se resolurent de le faire tailler par deux Operateurs fort experimentez, lesquels jugeans de la mort dudit enfant, ne le voulurent entreprendre. Alors le pere ne le pûſt ſouffrir, attendry des cris de ſon enfant: ains s'auiſa d'vn remede plus doux, qui fut de le voüer à la glorieuſe Sainte Anne, & partit tout auſſi-toſt pour aller accomplir ce qu'il auoit promis. Sa deuotion ne fut pas en effet; car eſtant retourné en ſa maiſon, il recogneut qu'vne main plus benigne que celle des Operateurs, auoit guary ſon fils, ſi parfaitement, que jamais plus il ne s'eſt reſſenty de cette incommodité. Ce miracle ſi public obligea d'en faire information juridique, auec audition de ſix teſmoins, le vingt & vnieſme May mil ſix cens trente & vn; à laquelle eſt attaché le rapport deſdits Operateurs, portant que le mal eſtoit incurable, datté du quatorzieſme de Iuillet, en la meſme année.

Gilles Zamet, fils de Iean Zamet, & de Ieanne Robinault ſa femme, demeurans en la Parroiſſe de Bethon, Eueſché de Rennes, eſtant tombé du haut d'vne chambre juſques au bas du logis; entre les autres bleſſeures qu'il reçeut de cét accident, il luy demeura vne rupture & deſcente de boyau, qui fut jugée irremediable par les Chirurgiens qui le viſiterent, ſinon en le taillant : Le pere & la mere ne le pouuant ſupporter, eurent recours à vn traittement plus benin, le voüant à la glorieuſe Sainte Anne, reclamée prés Auray. Ce qu'ayant accomply, il fut parfaittement guary, dont ils benirent Dieu : & en reconnoissance du bienfait, donnerent vne declaration signée & garantie, en datte du vingt-troisiesme May mil six cens vingt-neuf.

§. II.

PERSONNES DELIVREES du naufrage miraculeusement.

ON dit communément que les dangers de la Mer sont vne bonne escolle pour apprendre à bien prier, & que les effets en sõt d'autant plus heureux, que moins ils sont esperez. Ainsi le ressentirent plusieurs personnes, qui faisoient voille de la Rochelle, pour aller en Zelande, le quatriesme jour de Ianuier mil six cens trente & vn. Leur vaisseau fut surpris d'vne tourmente si furieuse, qu'elle continüa jusques au douziesme du mois : de sorte que leurs masts & cordages estoient tous rompus, & déja le Nauire faisoit eau : lors que ses pauures desolez voyans le naufrage inéuitable, se prosternerent à genoux : & ayans vn Pere Iacobin dans leur vaisseau en habit de soldat, attendu qu'il n'est pas permis en leur païs de porter les marques de leur profession: ils se confesserent le mieux qu'ils peurent, & desirans mourir dans la charité, se demanderent pardon les vns aux autres. Enfin l'vn d'eux inspiré de Dieu, proposa à la compagnie de faire vœu, s'ils retournoient de ce peril, de venir en pelerinage en la Chappelle de Sainte Anne prés Auray: tous y consentirent, & reclamerent auec affection l'assistance de cette grande Sainte. Voila qu'à l'instant ceux qui croyoient estre déja dans les tenebres de la mort, furent réjouys d'vne agréable lumiere, suiuie d'vne bonace fort tranquile: mais comme leur Vaisseau estoit en vn si desastreux appareil, ils n'eussent pû esperer de se garantir des flots impetueux de la mer, si celle qui auoit appaisé les vents, & esclairé d'vne lumiere si fauorable, ne leur continüoit sa faueur; ce qu'elle fit, car inopinément ils vindrent surgir, & moüiller l'anchre dans vne riuiere, en laquelle ils ne furent pas plûtost entrez, que pour les obliger à vne reconnoissance plus grande de la faueur miraculeuſe qu'ils auoient receuë, la tempeſte s'éleua dans la mer plus grande qu'elle n'auoit eſté; dequoy ils remercierent Dieu, & la glorieuſe Sainte, & enuoyerent toſt apres Iean Pallerot, maiſtre Pilote du vaiſſeau, pour en apporter ce teſmoignage, ſigné & garanty pour preuue de la verité.

Au meſme rang eſt la déliurance du Nauire de Iean le Net, ſieur de Monteno, appellé Lyuone de Morbihan, en l'Eueſché de Vannes, du port de deux cens tonneaux, lequel eſtant allé en Terreneufue, fut ſurpris en ſon retour par des vaiſſeaux Anglois, leſquels en auoient pillé pluſieurs autres. Ce que voyant le maiſtre du Vaiſſeau, il ſe proſterna à genoux, & promit que ſi Dieu par les prieres de madame Sainte Anne les déliuroit de ce danger, il viendroit en langes faire le voyage en sa Chappelle. Au mesme temps il s'esleua vne nuée fort espoisse, qui les fit eschapper de la veüe de leurs ennemis, du pillage & de la mort: & ce qui est bien remarquable, c'est que le vaisseau ne fut que treize jours à venir de Terre-neufue en la riuiere de Morbihan: bien qu'au plus beau tẽps on aye coûtume d'y employer plus d'vn mois. Ledit sieur de Monteno en a rendu vne ample declaration, signée & dattée de l'vnziesme iour d'Auril mil six cens vingt-huit.

Vn autre vaisseau estant arriué en Terre-neufue le jour de Saint Iean Baptiste, en l'année mil six cens vingt-huit, fut surpris & assailly de quatre-vingts Sauuages, lesquels

leſquels à coups de fleſches tuë-
rent quelquesvns de leur Nauire;
& comme ceux qui reſtoient ne
pouuoient eſperer ſinon pareil
ſort, n'eſtãs qu'en fort petit nombre; l'vn d'eux nommé Guillaume Euein, de la Parroiſſe de Plor-
tuys, en l'Eueſché de ſaint Malo,
s'auiſa de faire vœu de venir à
Sainte Anne, lequel ne fut pas
ſans effet: car voila qu'incontinent ceux qui n'auoient leur paſ-
ſion qu'au carnage, & au pillage,
furent agitez ſoudainement de ie
ne ſçay quelle terreur, qui les con-
traignit de ſortir, & laiſſerent
ſains & ſauues ceux qui auoient
reclamé vne ſi puiſſante Princeſ-
ſe, laquelle ils recogneurent de ce
bienfait, & apporterent vne des
fleſches qui demeura dans leur
vaiſſeau, & la preſenterent deuãt
E

ſon ſacré Autel, le premier jour de Nouembre en la meſme année ; & donnerent vne declaration authẽtique de ce que deſſus.

Guillaume Bance, Thomas Ianuoy, Iean Guilbert, habitans de S. Malo, le Capitaine Lihart, & Thomas Hoto du Havre de Grace, eſtans détenus priſonniers en Alger, trouuerent moyen de s'éuader dans vne petite barque, qui ſe rencontra ſur le bord de la mer, aymant mieux expoſer leurs vies à cét élement impitoyable, que d'eſtre ſujets à la cruauté de ces Barbares. Comme déja ils approchoient de l'Iſle de Cabrere, qui appartiẽt au Roy d'Eſpagne, il s'eſleua vne ſi furieuſe tempeſte, que leur vaiſſeau fut incontinent remply d'eau, & leurs cœurs d'eſpouuante de la mort, ne s'en faillant que le trauers d'vn doigt de bord qu'ils ne fussent submergez. Ils reclamerent nostre glorieuse Sainte, & promirent de venir visiter sa Chappelle : ce fut assez, car celuy qui commande aux vents & à la mer, en faueur de sa tres-Sainte Ayeule, applanit les montagnes de vagues, & de houlles, & accoisa les vents ; de sorte qu'vn calme fort tranquile & inesperé les déliura de la mort, les conduisant heureusement au port de ladite Isle. Apres quoy la tempeste s'esleua comme auparauant, dont ils remercierent Dieu de leur déliurance; & en accomplissant leur vœu, attesterent, signerent, & verifierent ce que dessus.

Le treiziesme de Fevrier mil six cens trente-trois, plusieurs mariniers faisans voyage sur mer, dans la petite Marguerite d'Abrulduc, où estoient Iean Peton, maistre du vaisseau, Michel Kerroz, & autres, ils furent saisis d'vne si furieuse tempeste, entre l'Isle de Groye, & l'Isle-Dieu, qu'ils croyoient estre perdus; s'estant esleué vne nuée si obscure & espoisse, qu'ils ne s'entre-voyoient aucunement. Ioinct aussi que la nuict commençoit lors dudit accidét, de sorte qu'abandonnant toute conduitte de leur vaisseau, ils se prosternerent à genoux, crians misericorde à Dieu, & attachans vne bourse au pied du mast, ils firent vœu de venir à Sainte Anne, chacun y mettant son offrande, laquelle fut si agréable à nostre glorieuse Sainte, que elle les déliura du danger, dissipant miraculeusement cette nuée, & leur donnant vne claire lumiere, qui ne pouuoit estre naturelle, veu qu'il faisoit déja nuict: Pour comble du bienfait, la tempeste s'appaisa, & vindrent surgir à bon port: & tost apres, qui fut le vingt-vniesme jour du mesme mois, ils apporterent vn bout de leur cable en reconnoissance de leur déliurance miraculeuse.

Il y a vne infinité de pareilles déliurances miraculeuses: On en a compté de bien verifiées jusques au nombre de quarante, desquelles ie n'ay voulu grossir ce petit traité. Seullement diray-ie que cette grande Sainte a acquis vn tel credit à raison de ses bienfaits à l'endroit des mariniers, qu'il n'y a pelerins si frequens, & si affectionez à sa deuotion, qu'eux. Ils y apportent le bout de leurs cordages, les esquilles de leurs masts & gouuernails, pour en orner sa sainte Chappelle, & seruir de memoire à la posterité.

En la ville de Iosselin, à la veuë de plus de deux cens personnes, vne petite fille âgée seullement de trois ans, nommée Marie Texier, tomba enuiron Noël dans la riuiere, qui estoit pour lors fort desbordée; sa mere qui lauoit des hardes s'en estant apperçeuë, se voulut jetter apres, mais elle en fut empeschée. Ne la pouuant doncques suiure que des yeux, elle la veid en vn instant submergée; le courant de l'eau l'ayant emportée plus de six cens pas, iusques à l'escluse du moulin, où l'eau estoit fort rapide. Lors la triste mere la confia à la protection de nostre grande Sainte, ce que ſit pareillement Louys Texier ſon pere, lequel eſtant aduerty de ce triſte accident, courut promptement vers la riuiere : où eſtant arriué, il veid ſon enfant voguant ſur l'eau, apres auoir eſté portée par l'impetuoſité du courant encores plus de ſix cens pas au deſſus de l'eſcluſe. Lors redoublant ſon vœu parmy les cris de compaſſion, que faiſoient plus de deux cens perſonnes qui eſtoient ſur le pont, ſa chere fille vint ſurgir à bon port dans la nacelle de la protection de noſtre grande Sainte. Il la receut entre ſes bras, & en l'emportant plein de joye, tiroit les larmes de tous les aſſiſtans. Il alla toſt apres rendre graces à ſa bien-factrice, en ſa Chappelle miraculeuſe : & aſſiſté de ſa femme & de ſa fille, il donna declaration de ce que dessus ; dont puis apres il fut fait information juridique dans la ville de Iosselin, signée & attestée de quatre tesmoins, le sixiesme Feurier mil six cens trente-sept.

Le treiziesme iour de Ianuier, mil six cens trente-cinq, Mathurin Guillaume, marchand de la ville de S. Malo, Bernard le Maçon, marchãd du Conquest, maistre du Vaisseau nommé la sainte Anne, trauersant Belle-Isle fut surpris d'vne si furieuse tempeste, que tous se disposoient à la mort. Mais apres auoir esté l'espace de douze heures en ses détresses, ils reclamerent la glorieuse Sainte Anne, & se voüerent de venir à sa Chappelle miraculeuse, s'ils reschappoient de ce danger. Le marchand promit d'y donner vn tableau, auec le portraict du Nauire. Le vœu ne fut pas plûtost fait, que le vent s'appaisa, la mer se calma : & ayans apperçeu la terre, ils vindrent aborder à Morbihan, & dés le lendemain se trãsporterent tous à Sainte Anne, où ils accomplirent leur vœu, & en donnerent attestation, signée de leurs seings, dattée du quatorziesme Ianuier mil six cens trente-cinq.

En mesme occasion Philippes Pascoet, habitant de Roscoff, en l'Euesché de Leon, & vingt autres personnes de l'esquipage du Vaisseau, appellé la Nostre-Dame du Rosaire, estans le iour des Roys de l'année mil six cens trente-quatre, vers le détroit de Gilbatart, furent surpris d'vne tempeste si furieuse, qu'en peu de temps leur Vaiſſeau fut remply d'eau iuſques au pont d'abas, ne pouuans ſuffire à la tirer par les deux pompes. Ils furent en cét eſtat toute la nuict, n'attendans que le naufrage, ayans abandonné le Vaiſſeau à la mercy des flots, & déja perdu deux de leurs voilles, ils reclamerent à la glorieuſe Sainte Anne, promettant de venir en ſa Chappelle, Le vœu fait, la mer s'appaiſa, & le Ciel deuint ſerain; de ſorte qu'ils ſe ſauuerent heureuſement, & rendirent graces à la glorieuſe Sainte de leur preſeruation. Et le vingt-ſeptieſme de Iuillet de l'an mil ſix cens trente-cinq, ils vindrent accomplir leur vœu, & donnerent declaration authentique le vingt-deuxieſme de Ianuier mil ſix cens trente-ſept, deuant le Iuge de la Cour de S. Paul en Leon, en la presence du Recteur de Roscoff, sous-Chantre de Leon.

Damoiselle Catherine le Mercier, demeurant à Landerneau, Euesché de Leon, se voyant proche d'estre submergée par l'impetuosité & desbordement de la marée qui ruïnoit vne tourelle où elle estoit, auec vne sienne sœur, vn seruiteur & vne seruante : ne voyant aucune apparence d'estre preseruée, eut recours à la glorieuse Sainte Anne, elle fut miraculeusement conseruée. Car estãt tombée & submergée dans la marée, sa sœur estant noyée deuant elle, se rencontra heureusement parmy les vaisseaux qui estoient anchrez au Quay de ladite Ville : elle fit faire information pardeuant le Seneschal &

premier Magistrat de la Princi-pauté de Leon, en presence du sub-Curé de l'Eglise Parroissiale de Landerneau, le vingtiesme Feurier mil six cens trente-sept.

§. 12.

GVARISONS DE FIEVRES miraculeuses.

ENtre plusieurs guarisons miraculeuses, ie choisis celle de Dame Anne Franchet, fême de Mre Claude Gouion, Vicomte de Tonguedec &c. de l'Euesché de Dol, laquelle estant trauaillée d'vne grosse fievre, auec vn rhume & mal de gorge, ayant viſité auec deuotion la Chappelle miraculeuſe de noſtre grande Sainte, & fait prendre de l'eau de la fontaine qui eſt proche d'icelle, s'en retournant couchée dans ſon Carroſſe, au plus fort de ſon mal ſe fiſt apporter de l'eau qu'elle auoit reſeruée, en beut auec vne grande foy, & à l'inſtant elle fut guarie, au grand eſtõnement dudit Seigneur ſon mary, lequel ayant eſté autresfois heretique, & eſtant hõme de lettres, fut beaucoup confirmé par ce miracle en la veneration des Saints; & ſe reconnoiſſant obligé de publier ce bien-fait, il en fit faire vn procez verbal, où furent ouys cinq teſmoins qui l'atteſterent, & ſignerent le huitieſme iour d'Aouſt mil ſix cens trente.

Entre les fievres, la quarte ſemble la plus intraitable aux remedes. Ainsi l'auoit experimenté vn personnage d'éminente qualité & merite, qui ayant esté long-temps séant sur les Fleurs de Lys, tenant auec beaucoup d'equité la balance de la Iustice, a esté comme vn autre S. Ambroise esleué en la chaire des Saints, & à la prelature dans l'vne des florissantes Prouinces de ce Royaume. Il auoit esprouué tous les remedes possibles, mais en vain, ainsi que plusieurs autres; aux premiers bruicts de la nouuelle deuotion de Sainte Anne, il voüa d'y venir, & incontinent apres il perdit sa fievre: ce qui causa de l'estonnement à toute la Ville, & obligea vn fameux Aduocat, & homme de merite, qui luy auoit esté compagnon en frissons, de luy demander son remede. Ce qu'ayant refusé quelque temps, pour en faire naistre plus de desir au patient, il luy descouurit sa medecine, & l'inuita à recourir à la mesme source, pour esteindre les ardeurs de cette impitoyable, & importune ennemie de son repos: il le fit, & receut guarison.

Messire Charles de Cerizay, Prestre, Chanoine, grand Archidiacre & Vicaire general de Monseigneur l'Euesque de Xaintes, estant griefuement malade d'vne fievre continüe, fut abandonné de trois celebres Medecins qui le traittoient, lesquels ayans consulté par ensemble, jugerent, veu la violence du mal, qu'il ne pouuoit demeurer long-tẽps en vie, estant déja sans jugement & connoissance, & vne sueur froide messagere de la mort, luy perçant par tout le corps. Lors Damoiselle Ieanne Raoul, Dame de la Gueriniere sa mere, fort esplorée, ne voyant plus de remede humain pour son fils, se souuint de luy auoir ouy parler en sa santé, de la nouuelle deuotion de Sainte Anne en Bretagne, & conferant auec Messire Ioachim de Cerizay son fils, Doyen de l'Eglise de Xaintes, & Aumosnier de la Royne mere du Roy, & auec vne sienne fille, tous ensemble voüerent le malade audit lieu, & promirent d'y enuoyer vn homme exprés pour faire le voyage. Le vœu ne fut pas plûtost faict, qu'incõtinent apres la fievre le quitta sans aucune crise. Et ayant appris la cause de sa guarison, promit d'accomplir le vœu, ce qu'il fit le septiesme de

Iuin, mil six cens trente. Et faisant vne neufuaine audit lieu, celebra tous les iours en action de graces, publiant hautement qu'il tenoit sa vie à foy & hommage de ladite Sainte, & l'attesta authentiquement par vn narré de sa guarison, datté du dixiesme de Iuin mil six cens trente.

Vn jeune enfant nommé Iacques de Chantepieds, de la Parroisse de Rimou, Euesché de Dol, estant malade de fievres, eut vn tel redoublement sur la minuict, causé par vn accident de peur, qu'il commença à perdre tout son sang l'espace de deux heures, sans qu'on y peust apporter aucun remede. Lors Françoise de Cornet sa mere, inuoquāt l'ayde de Sainte Anne, le voüa à ses Autels, promettant d'y venir en cas de guarison; ce que fit pareillement Iacques de Chantepieds son mary. Le vœu fait, le sang s'arresta incontinent, & receut à l'instant vne entiere guarison.

Maistre Guillaume Blandin, arpenteur Royal, demeurant en la Parroisse de Cuguen, en l'Euesché de Dol, auoit vn fils estudiant au College des R.P.P. Iesuistes à Rénes, nõmé Iean Blandin, pour lors âgé de quatorze ans; lequel estant griefuement malade d'vne fievre chaude, vint par vne recheute à telle extremité, qu'estant à l'agonie, on n'en attendoit que la mort. Lors son pere qui s'estoit transporté pour le voir, le voüa à Sainte Anne, promettant d'aller visiter sa Chappelle miraculeuse prés Auray, s'il plaisoit à Dieu, par les merites de la Sainte, preseruer de mort, & redonner la santé à son fils. Incontinent le vœu fait, le jugement & la parole luy reuindrent, & enfin son entiere santé.

Il y a vne infinité de pareilles guarisons. Celles-cy suffirõt pour donner confiance aux malades, de recourir au mesme remede.

§. 13.

GVARISONS DE PERSONnes affligées de peste.

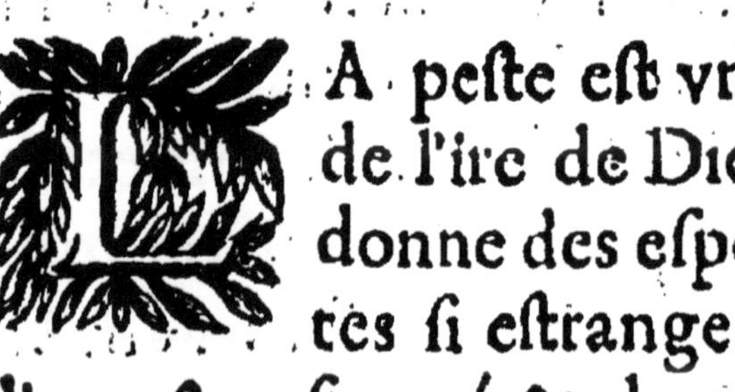

LA peste est vn fleau de l'ire de Dieu, qui donne des espouuantes si estranges, que d'en estre frappé & de mourir, c'est quasi vne mesme chose. L'antidote souuerain sera la deuotion de nostre grande Sainte.

Vne pauure fille nommée Catherine Coussin, seruoit en la Parroisse de Minihy saint Tual, Eueschédo Treguier, la peste s'addressa aux chefs de la maison; le maistre & la maistresse moururent en moins de deux heures, trois enfans qui resterent ne demeurerent pas long-temps orphelins, ils en furent aussi frappez, & moururent incontinent: Apres eux le seruiteur du logis demeura peu de temps, tant le venin estoit mortifere. La pauure Catherine en leur rendant au mieux qu'elle pouuoit les derniers deuoirs, n'en fut pas moins exempte, il luy en sortit vne sous l'esselle: Mais pleine de confiance, elle se jetta à genoux,& se voüa à Sainte Anne, promettant de venir à sa Chappelle prés Auray: & à l'instant la peste disparut, & la laissa pleine de joye en cette maison de dueil, qu'elle nettoya & desaira fort soigneusement, & enterra de ses propres mains trois personnes de la maison voisine, sans que depuis elle peust estre atteinte de ce venin. Elle rendit son vœu auec consolation, le vingt-cinquiesme de Iuin mil six cens vingt-neuf;& ne pouuant fournir de tesmoins oculaires & viuans de sa guarison miraculeuse, elle donna son tesmoignage deuant quatre personnes dignes de foy, qui le signerent à sa requeste.

Iulien des Champs, sieur de la Foüillerie, demeurant en la Parroisse de la Boixiere, Euesché de

Rennes, lequel ayant esté frappé de peste au derriere de la jambe, pour auoir esté approché par vn desaireur, voüa de venir à Sainte Anne prés Auray, si Dieu luy dõnoit sa santé, par les merites de la Sainte, & si sa famille estoit preseruée du mal contagieux. Tout à l'instant la peste disparut, & sa famille ne fut en aucune façon affligée, ny attaquée de ce mal; dont il remercia Dieu, & accomplit son vœu: faisant puis apres faire vn ample procez verbal de ce que dessus pardeuant le Recteur de la Parroisse, Commissaire en cette partie, assisté de deux Notaires, le troisiesme iour de Iuillet mil six cens trente-trois.

§. 14.

PERSONNES DELIVREES de plusieurs accidens, miraculeusement, par vœux faits à Sainte Anne.

CE n'est pas moindre faueur de la main liberale de nostre grande Sainte, de preseruer des dangers les personnes affectionnées à son seruice, que de les affranchir lors qu'ils en sont attaquez, l'vn & l'autre merite des reconnoissances de son pouuoir.

Yues Barbel, natif de la Paroisse de Plemeleuc, Euesché de S. Malo, demeurant en la maison de Maistre Yues du Plessix, seruoit les massons, leur destrempant de la terre pour leur ouurage, au mois de Iuillet mil six cens vingt-huit : il descendit dans le puits de la maison pour en tirer le sceau qui y estoit tombé, ce qu'il fit; mais voulant retirer auec vn croc vn autre vaisseau qui estoit au fond, & s'estant courbé, il apperçeut que le massonnage fondoit dessous ses pieds : alors croisant les bras au mieux qu'il pûst, il se voüa à Sainte Anne, promettant s'il reschapoit de ce danger, de venir en sa Chappelle prés Auray : A l'instãt le massonnage du haut du puits venant à tõber, il fut preserué miraculeusement, ayant l'eau iusques aux levres, & plus de quarante charètées de massonnage sur luy, sous lesquelles

leſquelles il demeura accablé. Les ouuriers accoururẽt à ce fondis, qui eſtonna tous les enuirons du logis, & en s'eſcrians ploroiẽt ſur la perte du pauure miſerable: mais que ne peut la vertu de noſtre grande Sainte? elle fit dans le profond de ce danger vn Predicateur de ſon pouuoir, car il fut entendu criant à haute voix : ô Sainte Anne, aydez-moy. Ie vous laiſſe à penſer, ſi tous les aſſiſtans furent eſtonnez: chacun y accourut de toutes parts, entẽdant cette merueille, tous s'animerent au trauail pour retirer les pierres, à quoy ils employerẽt plus de trois heures; pendant leſquelles vn bõ Preſtre, nommé Meſſire Pierre Morin, recita les Litanies de Sainte Anne, & autres prieres, tous reſpondans auec grãde affectiõ.

Et n'eſt pas à obmettre l'employ de perſonnes de qualité, qui firẽt paroître vne extraordinaire charité en cette action de pieté, entre leſquels parut auec autãt d'affection que de zele, Eſcuyer, Frãçois Glé, ſieur du Boſchet; & enfin ils deſcouurirent la teſte dudit Barbel, puis tout le corps, & le tirerent ſans aucune leſion, ſinon vne petite eſgratigneure à la teſte, qui ne l'empeſcha pas de trauailler dés les prochains iours, & toſt apres d'accomplir ſon vœu: Ce qui fut plus remarqué par les aſſiſtans, & rapporté dans l'information, eſt qu'en tout ce maſſonnage il n'y auoit que petites pierres de cailloux, & billotage, qui ne pouuoient faire liaiſon, ny former aucune arcade. Ce miracle ſi manifeſte, donna des ſentimens de deuotion à tout le peuple. Il en fut fait vne information en vertu de la Commission susmentionnée, où furent ouys dix tesmoins le quatriesme de Iuillet mil six cens trente & vn.

Vn grand incendie prist dans la maison de Guillaume Bogeauel, & de Marguerite Gallaye sa femme, Parroissiens d'Estable en l'Eueséché de S. Brieu; lequel chassant toutes les personnes qui se peurent sauuer, laissa vne petite innocente en l'âge de six ans, exposée & enuironnée de toutes parts dans les flammes; les tristes parens ne pouuant apporter aucun obstacle à cét impitoyable élement, luy opposerent auec grande confiance le pouuoir de Sainte Anne; & prosternez à genoux, promirent de visiter sa

Chappelle prés Auray. Ce fut aſſez pour l'inuiter à faire vn double miracle. Car incontinent par la ferueur de la Nature, mais plûtoſt par celle de la Grace, vne ſienne ſœur ſe lança parmy les flammes, & alla la prendre par la main, retournans l'vne & l'autre ſans aucune leſion du feu; elles tirerent des larmes de joye de leurs parens, qui auoient partagé leur crainte, pour la déliurance & la déliurée; tous les aſſiſtans en loüerent Dieu, & recognurent le faict miraculeux; trois d'iceux le verifſierent auec ladite Gallaye, qui accomplit ſon vœu le dix-ſeptieſme d'Octobre mil ſix cens vingt-huit.

Ne faut obmettre la preſeruation ſuiuante, arriuée à l'hoſpice des Peres Carmes, eſtablis audit lieü de Sainte Anne, le vingt-quatriesme Fevrier mil six cens trente-deux : par ie ne sçay quel malheur le feu prist en vne maison, joignante laquelle n'estant couuerte que de paille, fut aussi-tost embrassée. Les Religieux qui pour lors recitoient leur Office dans l'Oratoire, furent contraints de quitter, & appeller au feu; mais déja il entroit dans leurs chambres par les fenestres, principalement dans la Bibliotheque qui estoit au pignon, contre lequel estoit la flamme de l'incendie. Alors le Prieur des Religieux ne voyant aucun remede humain, plein de confiance en la glorieuse Sainte, dont il auoit au precedent experimenté beaucoup de faueurs, se prosterna de genoux dans l'vne des chambres, & voila vne neufuaine de grãdes Messes, auec promesse de publier cette singuliere faueur, si elle preseruoit de l'embrasement la maison qui luy estoit dediée. Chose miraculeuse! le vœu ne fut pas plustost fait, que le vent qui poussoit directement la flamme sur l'hospice, se tourna, & séparant miraculeusement les flammes de dessus le logis, y demeura tout autant de temps qu'il fut besoin pour le preseruer de cét embrasement, retournant aussi-tost où il estoit auparauant, pour garantir vn autre logis voisin qui dépendoit de la Chappelle, par don & liberalité de Messire Nicolas de Talhoüet, Cheualier de l'Ordre du Roy, seigneur de Kseruan &c. cecy se passa à la veuë de plus de cent personnes, pelerins de diuers endroits, qui recognurent le faict miraculeux.

Iacques André, & Ieanne Paigné sa femme, de la Parroisse de Miniac sous Becherel, Euesché de S. Malo, auoient vne petite fille âgée de neuf à dix mois, laquelle couchée dans vn berçeau, fut accablée pendant la nuict de la cheute d'vne cheminée qui tõba sur elle; le pere & la mere qui estoient dans la mesme chambre s'esueillerent au bruict de cét accident, & s'escrierent sur leur pauure enfant la croyant morte, ayãt plus de dix ou douze chartées de pierre sur elle. La mere fut touchée de deuotion, de la voüer à madame Sainte Anne, promettant de faire voyage en sa Chappelle. Ce fut assez; car apres auoir employé plus de trois quarts d'heure à force de personnes qui y accoururent pour oster les pierres de dessus le berceau, la mere se jetta sur son enfant; & luy presentant la mamelle , l'enfant se prist à soustire, & ainsi essuya les larmes de sa mere.

Nostre glorieuse Sainte a fait paroistre au miracle qui suit, cõbien elle est reconnoissante des charitez qui se font en sa sainte Maison. Messire Sebastien de Rosmadec, Marquis dudit lieu, Comte de la Chapelle, Baron de Molac &c. & Gouuerneur pour le Roy en la ville de Quimpercorentin, & Dame Renée de Kerhoent, dame de Kergournadech, ayant souuent visité & fait de notables & frequentes aumosnes en ladite Chappelle, pour subuenir aux necessitez du bastiment, obligerent noſtre grande Sainte de les ſecourir en vn accident, qui fut tel. Françoiſe de Roſmadec leur petite fille, âgée ſeullement pour lors de ſept mois, le Mercredy dix-ſeptieſme iour de Nouembre mil ſix cens trente-deux, eſtãt dans la ſalle de leur maiſon de Tregoüet, entre les bras d'vne Damoiſelle, priſt d'vn petit page vne branche de laurier, & la portant à la bouche, ſuiuant l'ordinaire des enfans, elle en aualla : ſi que tout auſſi-toſt elle fut priſe à la gorge, en ſorte qu'on croyoit qu'elle alloit mourir. Car ayant eſté vn gros quart d'heure en des ſouſleuemens eſtranges, toute en ſueur des efforts qu'elle faiſoit, les yeux fermez, & demenant les bras & les jambes : apres auoir tenté tous les remedes poſſibles, on n'en attendoit que la mort, si la Dame Marquise sa mere ne se fut auisée de presenter ses vœux auec larmes à la glorieuse Sainte Anne, entrant à cét effet dans son cabinet. Le vœu ne fut pas plûtost fait, que l'enfant au mesme instant se mit à teter, & fut entierement guarie, sans qu'on sçache que deuint la fueille de laurier, bien que pendant ses efforts elle eust vomy auec le laict, le vin qu'on luy auoit fait prendre. Ledit Seigneur le lendemain matin dressa luy-mesme en presence de plusieurs Gentils-hommes, vne ample declaration de ce que dessus, & la signa auec ladite Dame, pour seruir d'authentique, & d'action de graces de la faueur reçeuë.

Vn jeune enfant nommé François le Panigon, de la Parroisse de

Squiriec, Euesché de Treguier, fut accablé sous les ruïnes du plã-cher de la maison, vne poutre ayant rompu par le milieu ; on fut vne demie heure à le chercher sous lesdites ruynes, enfin on le trouua ayant les yeux à la renuerse, sans mouuement & apparence de vie. Sa triste mere, Damoiselle Louyse du Bourgblanc, dame de Kertanquy, ne pouuant supporter de voir son enfant en cét estat, se retira laschant la bonde à ses larmes : mais l'vne des assistantes l'ayant voüé à Sainte Anne, & fait dépescher vn homme pour y aller. Le vœu fait, l'enfant commença à se mouuoir, & en donnant des marques de vie, fit ressusciter sa bonne mere à vne joye qui n'est pas croyable. Elle se transporta tost apres pour accomplir son vœu, & pour rendre action de graces de la faueur receuë. Elle en fournit vne ample declaration, signée de quatre tesmoins, en datte du septiesme Iuillet mil six cens vingt-huit.

Vn petit enfant âgé seullement de vingt-cinq mois, nommé Michel Baudry, fils de Pierre Baudry, Bourgeois de S. Malo, tomba par malheur d'vne fenestre esleuée de plus de vingt pieds, sur le paué. Lors de la cheute, Guyonne Cohuë sa mere le recommanda à Sainte Anne, par ces paroles: Mon Dieu, & madame Sainte Anne, sauuez-moy mon enfant. Sa priere ne fut pas sans effet; car nostre glorieuse Sainte supporta des bras de sa protection ce petit innocent, lequel estant rapporté deuant sa bonne mere dans la chambre d'où il estoit tombé, se trouua sans aucune blesseure, & dés le lendemain chemina comme auparauant. Ce qui obligea les pere & mere de le mener en la Chappelle miraculeuse de la Sainte, où ils l'auoient voüé. Ce fut le seiziesme jour d'Aoust, mil six cens trente-cinq, & celuy qui a trauaillé à cét abregé estant lors à Sainte Anne, en receut la déposition, confirmée depuis par acte juridique le quatorziesme de Mars mil six cens trente-sept.

Vn petit enfant âgé de trois ans, nommé Prigent le Refloc, de la ville de Lesneuen, Euesché de Leon, se joüant auec d'autres enfans, tomba par malheur dans vn puits, profond de neuf brasses ou enuiron, remply de pierres, n'y ayant que deux pieds d'eau; de ſorte qu'il deuoit beaucoup eſtre bleſſé de ſa cheute; mais ſa mere nommée Iſabelle le Bornic, entendant cét accident, le voüa à Sainte Anne, & promit de faire voyage en ſa Chappelle miraculeuſe prés Auray. Apres lequel vœu, pleine de confiance accourut au lieu de la cheute, & ayant fait retirer ſon fils, il ſe trouua ſans aucune bleſſeure, ſain & gaillard comme auparauant. Ce qui obligea apres Chriſtophle le Refloc ſon mary, d'aller rendre ſes vœux, & donner declaration du miracle, laquelle fut fait information juridique, en vertu de la Cõmiſſion ſuſmentionnée, pardeuant les Iuges Royaux du Siege Royal de Leſneuen.

§. 15.

ENFANS OBTENVS PAR les vœux faits à Sainte Anne.

DAns les miracles des Saints, ceux-cy ne sont pas des moins considerables, que par leurs prieres ils ayent obtenu lignée à ceux qui n'en auoient point: & l'Histoire Ecclesiastique nous fait foy, que tels enfans sont pour l'ordinaire remarquables en sainteté & vertu, Dieu & ses Saints prenans vn notable interest d'auãcer de leurs faueurs le fruict de leur benediction. Nostre grande Sainte, comme priuilegée autresfois en ce bienfait, ayant obtenu par ses larmes & oraisons, d'estre Mere de la Sacrée Vierge Marie, donne souuent sujet de consolation à ceux qui la reclament en cette necessité : & ne sera hors de propos de dire, ce qui est bien aueré de tout le monde; à sçauoir qu'elle ratifia la certitude de sa deuotion, en donnant vn enfant de miracle à celuy qu'elle auoit employé au commencement de cét ouurage: Estant vray qu'Yues Nicolasic & sa femme auoient déja demeuré quinze ans sans enfans; mais Sainte Anne y prist interest, leur donnant vn fils qu'ils nommerent Syluestre, & le reçeurent comme vn enfant de singuliere benediction, l'année mesme de la descouuerte de cette deuotion.

François le Boüillant, & Perrine Ladiuel sa femme, de la Parroisse de Leuignac, Euesché de S. Malo, auoient déja esté en mariage l'espace de vingt-quatre ans sans auoir des enfans; leur sterilité estant vn continüel sujet de tristesse, ils eurent recours à celle qui auoit obtenu par ses merites, d'enfanter au monde la desirée de toutes les Nations; ce qui ne fut pas sans effet. Car ladite Perrine se trouua tost apres enceinte, & mere d'vne fille qui changea leur tristesse en joye, & les obligea de venir reconnoistre celle dont ils auoient receu cette insigne faueur.

Yues Hunot, & Adelisse Pichon, habitans de la Ville de S. Brieu, auoient demeuré dix-huit ans en mesnage, sans enfans, bien qu'au precedent ils en eussent eu qui estoient decedez. Comme déja ladite Pischon desesperoit d'en auoir jamais, elle conuia son mary de faire le voyage de Sainte Anne. Ils s'y acheminerent, & obtindrent tost apres l'accomplissement de leur souhait, Dieu leur ayant donné vn fils. Ils le nommerent Iean, non sans mystere, car plusieurs se réjouyrent en sa naissance : mais n'ayant que quatre mois, il fut attaqué d'vne fievre chaude, qui le reduisit aux abois, & les tristes parens aux larmes, qui luy auoient déja preparé sa Croix, & vn linceul pour l'enseuelir, croyans qu'il fust mort. Mais la mere pleine de confiance, implora l'assistance de celle qui le luy auoit donné, & promit de le venir offrir deuant sa sainte Image, auec vn vœu de cire. L'enfant se trouua à l'instant guary, lequel ils apporterent incontinent apres, pour accomplir leur vœu.

Damoiselle Claude de Lié, espouse d'Escuyer Iean Bechefer, Conseiller du Roy, & Substitud de Monseigneur le Procureur General au Parlement de Paris, n'auoit jamais peû auoir de couches heureuses, ayant souffert accident à six diuerses fois ; jusques à ce que Monsieur de la Villoüé, Conseiller de Vennes, leur amy intime, les ayant porté à faire vœu à Sainte Anne, fit dire vne neufuaine à leur intention ; dont ils ressentirent aussi-tost l'effet, par la naissance d'vne fille, le quatriéme Octobre mil six cens trente-quatre, laquelle ils conseruent comme vn gage du Ciel, suiuant la dépoſition que le pere & la mere en ont enuoyé à Sainte Anne, ſignée de leur main.

§. 16.

FEMMES ENCEINTES, deliurées miraculeuſement.

CAtherine le Page, femme de François Gaudin, de la Parroiſſe de Seſſon, Eueſché de Rénes, apres auoir eſté malade d'vne fievre continuë, vint à telle extremité, qu'elle fut vn long-temps ſans aucun mouuement, & recõnoiſſance: ſeullement on luy diſtilloit quelques choſes liquides, pour la nourriture de l'enfant dont elle estoit enceinte : quelques-vns desesperans de la vie de la mere & de l'enfant, voulurent pour dernier remede luy donner vne potion pour la faire auorter: ce que le pere n'ayant voulu consentir, il la voüa à Sainte Anne, & promit de faire le voyage, & à l'instant elle parla, & demanda à manger, & fut entierement guarie, & tost apres enfanta vn fils, qu'ils nommerent Fleury. Il en fut dressé vn procez authentique, à l'instance dudit Gaudin, en datte du huitiéme de Iuin mil six cens vingt & neuf.

La confiance en Dieu, & en ses Saints, se peut bien dire estre la clef des merueilles qu'ils operent en faueur des hommes; Michel Doüalen, de la ville de Lambale en Bretagne, en reçeut vn effet bien particulier. Sa femme dans les trenchées de l'accouchement fut vne vraye mere de douleurs, ayant rendu son enfant mort, les assistans furent incontinent aux regrets, que cette petite creature n'eust point reçeu la marque des enfans de Dieu: mais le pere plûtost que tous, qui promist de venir au pain & à l'eau en pelerinage à Sainte Anne, & de faire dire vne Messe deuant son Image miraculeuse, si Dieu donnoit la vie à son enfant, pour pouuoir reçeuoir le saint Baptesme. Sa demande fut incontinent accordée, mais auec surcroist de consolation. Car l'enfant donnant des marques de vie, reçeut le Baptesme, & tout ensemble la continüation de la vie, au grand estonnement de tout le monde, le pere accomplit ſon vœu,& donna vne ample declaration du miracle,le vingt-cinquiéme Iuillet mil ſix cens vingt & neuf.

Au mois de Septembre, en l'année mil ſix cens vingt & neuf, Roſe Paluadeau, femme de Iacques Muſſeau, demeurans dans l'Iſle de Nermontier, Eueſché de Luçon, eſtant detenuë d'vne grande maladie, & groſſe ſeulement de ſix mois ou enuiron, par la violence du mal accoucha auant terme. L'enfant venu mort, cauſa des regrets nompareils au pauure pere, lequel touché de deuotion enuers noſtre grãde Sainte, voüa de venir en voyage en ſa Chappelle prés Auray, & d'y mener la mere & l'enfant, ſi Dieu luy redonnoit la vie. L'enfant auſſitoſt commença de ſe mouuoir, ils l'appellerent Marie sur les fonds de Baptesme, & le vingt-huitiéme jour de Iuillet ils accomplirent leur vœu.

Damoiselle Françoise l'Angelier, espouse de noble homme Iean Baptiste le Tenneur, Docteur en Medecine, residant à Fougéres, Euesché de Rennes; apres auoir esté quatre iours & quatre nuicts en trauail d'enfant, fut reduitte en telle extremité, que son mary desesperoit de la vie de la mere, & du fruict qu'elle portoit. Lors ayant recours à nostre glorieuse Sainte, il voüa auec sa femme de venir en sa Chappelle miraculeuse prés Auray, s'il plaisoit à Dieu luy dôner vn heureux accouchement. A l'instant on tira l'enfant plein de vie, & la mere fut deliurée de ses douleurs.

§. 17.

PLVSIEVRS GVARISONS miraculeuſes de diuerſes maladies.

EScuyer Yues du Menez, ſieur de Kroüil, demeurant au manoir de Lezurec, en la Parroiſſe de Primelen, Eueſché de Cornoüaille, le quatrieſme jour de Ianuier mil ſix cens trente & vn, tomba dans vne grande maladie, en laquelle il receut tous ſes Sacremens : on luy auoit meſme mis vne Croix entre les mains, le penſant proche de ſa fin. Il eut neantmoins aſſeurance de ſa guariſon, par vne viſion de noſtre glorieuſe Sainte, laquelle s'eſtant apparuë pleine de majeſté, luy promit de le déliurer de ce danger. Eſtant reuenu à ſoy, il appella Dame Margueritte de Brezal, ſon eſpouſe, & luy raconta ce qu'il auoit veu, la priant de voüer auec luy le voyage de Sainte Anne, & de ne s'attriſter point de ſon mal; ce qu'elle promit, & ſe proſterna de genoux proche le lict du malade, priant la glorieuſe Sainte de le ſecourir; Mais ſe voulant aſſeurer auec plus de certitude de ladite viſion, plein de confiance il pria la Sainte de luy releuer le ſoupçon qu'il euſt peû auoir, que ce n'euſt eſté vn ſonge, ou vne illuſion; ce qui arriua ſuiuant ſon deſſein. Car elle ſe preſenta toſt apres deuant luy comme auparauant,luy confirmant & reïterant l'asseurance de sa guarison: l'effet en fut heureux, & confirma le faict miraculeux. Car il retourna en parfaite santé, contre les sentimens de tous ceux qui l'auoient veu dans l'agonie de son mal. Il s'achemina auec ladite Dame du lieu de leur demeure, distant de trente lieuës ou enuiron, dans la Chappelle de nostre grande Sainte, accomplissant leur vœu à pied, & se presenta deuant l'Image miraculeuse, ayant sa Croix d'extrême-onction entre lés mains, touchant de deuotion tous les assistans, qui entendirent ce que dessus.

Marc du Gouruignec, Escuyer, sieur dudit lieu, du Bezic &c. demeurant en la Parroisse de S. Nolf, Euesché de Vannes, le quatriesme de Iuillet, tomba en vn accident de maladie si griefue, qu'il fut deux jours & trois nuicts trauaillé de vomissemens continuels, suiuis de conuulsions si estranges, accompagnées de coliques, qu'on desesperoit de sa vie, sans qu'aucuns remedes y pûssent proffiter. Mais ce qui luy donnoit vn surcroist de peine dans la violence de son mal, c'est qu'il ne pouuoit se confesser, ny receuoir aucuns Sacremens. Lors luy vint vn souuenir de la nouuelle deuotion de Sainte Anne: Il voüa de venir en sa Chappelle, si Dieu luy donnoit le temps, & le repos de se confesser & communier, & à l'instant ses douleurs s'appaiserent, & se confessa & communia fort tranquillement: Mais la violence de ses maux ecedens l'auoit tellement affoibly, qu'on desesperoit entierement de sa guarison, ses parens luy ayant mesme donné auec larmes leur derniere benediction, comme s'il eust deu mourir en peu de temps. Mais luy plein de confiance, que celle qui luy auoit procuré la santé spirituelle de son ame, ne luy refuseroit pas celle du corps, reïtera auec affection son vœu, & en fin obtint ce qu il demandoit, dont il vint rendre graces à Dieu, & à la glorieuse Sainte, cheminant à pied auec son Confesseur qui l'auoit assisté pendant sa maladie. Il en fournit vne declaration authentique, signée & verifiée, en datte du septiesme jour de Iuin mil sixcens trente.

Luc Goüicquet, fils d'Escuyer François Goüicquet, & de Damoiselle Andrée Morice, sieur & Dame de la ville és Marquers, residans en la ville de Moncontour en Bretagne, âgé de quatre ans seullement, ou enuiron, fut affligé d'vne grande dissenterie, estant pour lors en la maison d'Escuyer René Morice, sieur du Bois-basset son oncle, au pays de Vannes; lequel dépescha incontinent vn seruiteur pour en donner aduis au pere & à la mere de l'enfant, qui estoient esloignez de quinze lieuës. La triste nouuelle les affligea beaucoup : mais ayans recours à nostre grande Sainte, ils le voüerent à Sainte Anne prés Auray; & promirent de fonder à perpetuité vne Messe, au jour de Mardy, en son honneur. Apres quoy, le pere s'estant acheminé auec diligence, & arriué au logis, il trouua son fils parfaitement guary, qui luy sauta au col; sans aucune apparence d'auoir esté malade; comme de vray trois jours apres il fut amené à Sainte Anne, & conduit par ses parens, qui vindrent accomplir leur vœu le vingt-cinquiesme d'Octobre mil six cens trente. Il en fut fait puis apres vne enqueste juridique par la diligence dudit Gouicquet, en datte du dix-neufiesme Nouembre en la mesme année.

Semblable fut la guarison de Iacques de Birague, fils de Messire René de Birague, Baron d'Entraues, & de Dame Françoise d'Erbrée; lequel estant griefuement malade de dissenterie, ou flux de sang, fut desesperé des Medecins, apres auoir experimenté tous leurs remedes, le pere jugea qu'il falloit s'addresser à Dieu; Et de faict, il n'eut pas plûtost fait vœu d'amener son fils en voyage à Sainte Anne, qu'il donna des asseurances de sa guarison auec admiration, & singuliere consolation desdits Seigneur & Dame.

Ce qui suit est tout remply de merueilles. Vn jeune enfant de trois ans, fils de René Goudelin, de la Parroisse de Glac, Euesché de S. Malo, fut malade d'vne dissenterie si prodigieuse, qu'il rendoit ses intestins; & vint en telle extremité, qu'il fut en agonie l'espace de trois jours, la Croix entre les mains, chacun n'attendant que le dernier respir; pour lors Messire Guillaume le Roux son oncle, le voüa à Sainte Anne, &

omit de le faire transporter en Chappelle, s'il retournoit en anté. Le mal ceda incontinent u pouuoir de la Sainte, & à la ieté du bon Prestre. Car il receut à l'instãt la guarison, & quelue temps apres fut apporté en la Chappelle; où le pere, l'oncle & l'enfant, accomplirent le vœu, & en fournirent vne ample declaration, le vingt-cinquiesme de Iuillet mil six cens trente.

Iacquette Gauchard, femme de François Allain, sieur du Tertre, Procureur au Siege Presidial de Rennes, apres auoir esté traittée l'espace de quinze mois d'vn flux continüel de sang, sans aucun soulagement; fit vœu auec son mary, en cas de guarison, d'aller en la Chappelle miraculeuse de sainte Anne, prés Auray: & d'y faire celebrer la Messe, s'y confesser & communier. Cette pieuse resolution fut suiuie d'vn heureux effet. Car la malade receut incontinent apres vne parfaitte & entiere guarison, au grand estonnement de ceux qui l'auoient veuë en vn si piteux estat. Et le miracle fut verifié par vn procez verbal, fait par Commission de Monseigneur de Rennes, par deuant Messire Robert Landays, Recteur de l'Eglise Parroissiale de Toussaincts, & Notaire Apostolique, en datte du troisiesme jour de Decembre mil six trente-six. Et est remarquable, que lors du traittement de ladite Gauchard, & auparauant le vœu, les Medecins declarerent que bien qu'elle guarist, elle ne pourroit jamais auoir d'enfans, mais le

ouuoir de la Sainte en luy ren-
ant la ſanté, luy fit grace entie-
e; car à dix mois de là ou enui-
on, elle accoucha heureuſement
'vn fils , qui fut nommé ſur les
onds de Bapteſme, Henry.

Antoine Maignan, de la Ville
e S. Malo, apres auoir eſté tra-
aillé l'eſpace de quatorze ou
uinze ans d'vne grauelle, qui luy
iſoit perdre tout repos, ne trou-
uans aucun ſoulagement par les
remedes, ſe reſolut de ſe faire tailler ayant appellé pour cét effet
des Chirurgiens, apres l'auoir
ſondé & trouué la pierre, ils remi-
rent au lendemain pour faire ou-
uerture. Perrine Gaultier ſa mere
touchée de compaſſion, le voüa à
vn traittement plus doux. Car
l'inuitant de recourir à Sainte Anne, ils firent vœu de venir en ſa

Chappelle miraculeuse prés A ray, s'il plaisoit à Dieu luy donn guarison. Le lendemain ceux q deuoient faire l'operation esta retournez, ils furent bien esto nez de voir le patient guary.

Prigent Iaouhen, demeura en la Parroisse de Plouemoguer Euesché de Leon, fut affligé aue tous ceux de sa maison d'vne grá de maladie, pendant le Caresm de l'année mil six cens trente trois, en laquelle ne pouuant re-ceuoir soulagement d'aucun re-mede, il eut recours à la glorieuse Sainte Anne. Il ressentit inconti-nent les effets de son vœu par vne entiere santé. Mais s'estant oublié de son deuoir, dans l'acquit de sa promesse, il retomba dans vne plus grande extremité, demeu-rant l'espace de sept jours sans

prendre

rendre aucuns viures ; de ſorte u'eſtant abandonné & deſeſperé e pouuoir guarir; n'attendãt que a mort, il ſe ſouuint de ſa premie-e bien-factrice, & ſe voüa derehef à ſes Autels. Auſſi-toſt il reeut ſa parfaite ſanté ; & plus ſage u'auparauant, s'acquitta de ſa romeſſe. La declaration fut veiffiée par l'information juridicue, faite par Cõmiſſion de Meſieurs les grands Vicaires de l'Eeſché de Leon, dattée du vingt-cinquieſme de Nouembre mil ſix cens trente-ſix, pardeuant les uges de la Cour & Iuriſdiction de S. Renau, en preſence du Vicaire perpetuel de la Ville, l'vnvieſme Fevrier mil ſix cens trente-ſept.

Voila en peu de mots vn ſommaire des grandeurs, des faueurs & des miracles de la glorieuse Sainte Anne; laquelle semble establie dans la France, tout ainsi qu'vn thrône de grace; duquel nous deuõs nous approcher auec humble confiance, apportant de nostre costé toutes les dispositiõs necessaires, pour rendre cette deuotion meritoire.

LE PELERINAGE DE STE ANNE, ou la maniere de faire le voyage.

L'IMPORTANCE des actions Chrestiennes, est de les faire Chrestiennement; c'est à dire, dans l'esprit qu'elles ont esté instituées. Car comme dans la Nature les choses les plus excellentes, deuiennent pires par a corruption; de même les exercices de la pieté deuiennēt dommageables, dans les excez de la superstition, ou du libertinage. C'est donc dans le juste milieu que consiste la vertu; & les pelerinages qui tiennent rang dans les exemples du vieil Testament, & dans la pratique du Nouueau, pour estre vrayment Religieux, doiuent estre faits en esprit de sainteté. Si on les entreprend par curiosité, ou par coustume, c'est vn extrême abus. Si on les fait auec vanité, débauches, ou sensualitez, c'est vne filpponnerie criminelle; bref, si les pecheurs n'en remportent la conuersion de leurs ames, & les justes l'accroissement des graces, c'est du moins vn trauail inutile.

Apres donc auoir en suitte d'vne sainte inspiration, formé dans ſon cœut vne pure intention, pris conſeil, s'eſtre preparé par les exercices de pieté, & mis ordre à ſes affaires domeſtiques; on peut comme vn autre Abraham ſe mettre en chemin, ſe ſouuenant de cette veritable parole, que l'homme par tout où il eſt, ſe trouue pelerin & eſtranger. Faites le voyaage ſelon voſtre condition, & vos forces. Entendez s'il eſt poſſible, la Meſſe tous les jours, vacquez à la lecture Spirituelle, principalement de quelque liure traittant du ſujet de voſtre voyage; à l'Oraiſon Vocale & Mentale, gardez ſouuent le ſilence, & ſoyez ſobre en toutes choſes. Euitez les compagnies, & les occaſions de dereglement; ayez courage à ſupporter genereuſement les peines, & fatigues du chemin. N'obmettez au lieu ſaint, d'approcher des diuins Sacremens de Confeſſion, & Communiõ. Vne reueuë de voſtre vie, depuis la derniere Confeſſion generale, ſeroit fort vtile; & parce que le corps de la deuotion ſont les aumoſnes & charitez, dont l'eſprit eſt l'Oraiſon; apres auoir prié Dieu par l'interceſſion du Saint, ou de la Sainte, honnorée dans le lieu du Pelerinage, pour l'amplification de ſon Royaume, l'exaltation de l'Egliſe, l'extirpation des hereſies, la conuerſion des pecheurs, la ſanctification des ames, vos beſoins ſpirituels & domeſtiques, pour vos Superieurs, pour vos parens, amis, & ſemblables ſujets; vous pouuez reciter les prieres ſuiuantes, ou autres, à voſtre deuotion.

L'OFFICE DE SAINTE ANNE.

A MATINES.

Omine labia mea aperies. Et os meum annuntiabit laudem tuam.

Deus in adjutorium meum intende. Domine ad adiuuandum me festina.

Gloria Patri, &c. Sicut erat, &c.

Hymne.

GAude Mater Matris Christi,
Quæ per aurem applaudisti
Dei Patri Nuntio.

Gaude, quia concepisti,
(Sterilis quæ cùm fuisti)
Ioachim coniugio.
Gaude, quia tua Nata
In te clausa sit mundata
Parentelæ vitio.
Gaude, quia vas virtutis,
Peperisti quæ salutis,
Castitatis filio.
Gaude, quia stellam mundi,
Atque cellam Regis summi,
Lactasti cum gaudio.
Per quem luce vultus sui,
Nobis detur semper frui
In perenni gaudio. Amen.

Antienne.

Inclyta stirps Iesse virgam produxit adesse: De qua processit flos, qui marcescere nescit; stirps est Anna, Dei genitrix est virga Deus flos. *Vers.* Ora pro nobis beata Anna. *Resp.* Vt liberemur ab omnibus malis.

Oraison.

DEus, qui beatæ Annæ tantam gratiam donare dignatus es, vt beatissimam Mariam Matrem tuam in sanctissimo vtero suo portare meretetur: da nobis per intercessionem Matris filiæ tuam propitiationis abundantiam, vt quarum memoriam pio amore amplectimur, earum præcibus ad cælestem Ierusalem peruenire mereamur. Qui viuis, &c.

A PRIME.

DEus in adjutorium meum intende. Domine ad adjuuandum me festina, &c.

Antienne.

Anna Iesse radix egregia, omni micans virtute præuia, de te Virgo processit Regia: Regi Regum nos reconcilia.

Vers. Anna, Mater Matris Christi.

Resp. Spem auge quam concepisti.

Oraison.

DEus qui beatam Annam dilectæ genitricis tuæ Matrem egregiam ad cœlestis vitæ eleuasti gaudia: concede propitius, vt ipsius intercessione ad æterna gaudia peruenire mereamur, ex ujus puerpuerelo pro salute mundi humanam assumere dignatus es carnem. Qui viuis, &c.

A TIERCE.

DEus in adiutorium meum intende. Domine ad adjuuandum me festina. Gloria Patri, &c.

Antienne.

Inclyta stirps Iesse virgam produxit amænam, de qua processit flos miro plenus odore, hæc est Virgo Dei Mater flos ortus ab illa. *Vers.* Ora pro nobis beata Anna. *Resp.* Nunc & semper, & in hora mortis nostræ.

Oraison.

DEus, qui beatam Annam Matrem tuæ genitricis fieri voluisti, præsta quæsumus, vt apud te meritis vtriusque, Matris & Filiæ regna cælestia consequamur. Qui viuis, &c.

A SEXTE.

DEus in adjutorium meum intende. Domine ad adjuuandum me festina. Gloria Patri, &c.

Antienne.

Benedicta sit sancta Anna, quæ Mariam genuit, per quam nobis spes æternæ salutis apparuit. *Vers.* Anna redde propitium. *Resp.* Per Natam, Natum Filium.

Oraison.

EXaudi nos Deus salutaris noster, vt sicut de beatæ Annæ commemoratione gaudemus : ita piæ deuotionis erudiamur affectu. Per Christum, &c.

A NONE.

DEus in adjutorium meum intende. Domine ad adjuuandum me festina. Gloria Patri, &c.

Antienne.

Anna pia Mater aue, cuius nomen est suaue. Anna spirans gratia, preces nostrasſuſcipe.*Verſ.* Anna fœlix natæ partu. *Reſp.* Floris nata fœlix ortu.

Oraiſon.

DA quæſumus omnipotens Deus, vt qui de beatę Annæ Matris Mariæ commemoratione lætamur, tantæ fidei proficiamur exemplo. Per Dominum, &c.

A VESPRES.

DEus in adjutorium meum intende. Domine ad adiuuandum me feſtina, Gloria Patri, &c.

Hymne.

ANna pia mater, aue,
Cuius nomen eſt ſuaue,
Aue ſonat gratiam.
Aue Ieſſe radix, floris
Qui cæleſtis dat odoris
Perennis fragrantiam.
Aue parens ſtella maris,
Quam tu matrem contemplaris,
Regis Regum filio.
De turbine tempeſtatis,

Nos attrahe cum beatis,
Et reduc nos exilio.
Tu quæ sola meruisti,
Esse Mater Matris Christi,
Preces nostras suscipe.
Tu nos matri atque proli,
Regi ac Reginæ poli
Commendare satage.

Antienne.

Mater Matris Redemptoris, Anna nobilissima, quæ iam regnas cum Angelis coronata in gloria, tibi nostri memor esto: ô Anna sanctissima, vt possimus illic tuo coniungi collegio. *Vers.* Cæleste beneficium introiuit in Annam. *Resp.* De qua nata est nobis pia Maria Virgo.

Oraison.

DEus, qui beatæ Annæ, tantam gratiam, *& le reste comme cy-deuant à Matines.*

A COMPLIE.

COnuerte nos Deus salutaris noster. Et auerte iram tuam à nobis.

Deus in adjutorium meum intende.
Domine ad adiuuandum me festina.
Gloria Patri, &c.

Antienne.

Cæleste beneficium intrauit in Annam, per quam nata est nobis, Maria virgo. O sancta Anna inter mulieres benedicta, & inter matres beata. *Vers.* Adiuua nos beata Anna. *Resp.* Preces fundimus in cælesti Curia.

Oraison.

DEus qui beatæ Annæ tantam gratiam conferre dignatus es, vt vnigeniti filij tui Mater effici mereretur: concede propitius vt cuius solemnia celebramus, eius apud te patrocinijs adiuuemur. Per Dominum, &c.

Cantique de S. Simeon.

NVnc dimittis seruum tuum Domine.

Secundum verbum tuum in pace, &c.

Antienne.

O fœlix matrona, ô venerabilis, &c.

Oraison.

DA quæsumus omnipotens, Deus, vt de beatæ, &c. *comme deuant.*

LITANIES DE SAINTE ANNE, Mere de la Vierge Marie.

Kyrie eleison.
Christe eleison.
Kyrie eleison,
Christe audi nos.
Christi exaudi nos,
Pater de cœlis Deus, Miserere nobis.
Fili Redemptor mundi Deus, Miserere nobis.
Spiritus sancte Deus, miserere.
Sancta Trinitas vnus Deus, Miserere.
Sancta Anna,
Sancta Anna Auia Christi,
Sancta Anna Mater Mariæ Virginis,
Sancta Anna sponsa Ioachim,
Sancta Anna socrus Ioseph,
Sancta Anna Arca Noe,
Sancta Anna arcus fœderis Domini,

Ora pro nobis.

Sancta Anna mons Oreb,
Sancta Anna radix Iesse,
Sancta Anna arbor bona,
Sancta Anna vitis fructifera,
Sancta Anna regali ex progenie orta,
Sancta Anna lætitia Angelorum,
Sancta Anna proles Patriarcharum,
Sancta Anna oraculum Prophetarum,
Sancta Anna gloria Sanctorum & Sanctarum,
Sancta Anna gloria Sacerdotum & Leuitarum,
Sancta Anna nubes rorida,
Sancta Anna nubes candida,
Sancta Anna nubes clara,
Sancta Anna vas plenum gratiæ,
Sancta Anna speculum obedientiæ,
Sancta Anna speculum patientiæ,
Sancta Anna speculum misericordiæ,
Sancta Anna speculum deuotionis,
Sancta Anna propugnaculum Ecclesiæ,
Sancta Anna refugium peccatorum,

Ora pro nobis.

Sancta Anna auxilium Christianorum,
Sancta Anna liberatio captiuorum,
Sancta Anna solatium coniugatorum,
Sancta Anna mater viduarum,
Sancta Anna matrona virginum,
Sancta Anna portus salutis nauigantium,
Sancta Anna via Peregrinorum,
Sancta Anna medecina infirmorum;
Sancta Anna sanitas languentium,
Sancta Anna lumen cœcorum,
Sancta Anna lingua mutorum,
Sancta Anna auris surdorum,
Sancta Anna cōsolatrix afflictorum,

Ora pro nobis.

Sancta Anna auxilium omnium ad te clamantium, intercede pro nobis,

Vers. Dilexit Dominus sanctam Annam.

Resp. Et amator factus est formæ illius.

Oraison.

OMnipotens sempiterne Deus, qui beatam Annam in genitricis vnigeniti tui matrem eligere dignatus es, concede propitius, vt qui eius commemorationem fideli deuotione recolimus, ipsius meritis æternæ vitæ suffragia consequamur. Per Christũ, &c.

Nostre S. Pere le Pape Alexandre VI. a concedé trente mil ans de vray pardon, à tous ceux qui diront deuotement trois fois la suiuante Oraison deuant l'Image de Sainte Anne, Mere de la glorieuse Vierge Marie, & de son petit Enfant IESVS.

Ledit saint Pere publia de sa propre bouche ce mesme Pardon l'an 1494.

ORAISON.

AVe gratia plena Dominus tecum, tua gratia sit mecum: Benedicta tu in mulieribus, & benedicta sit sancta Anna Mater tua, ex qua sine macula & peccato processisti virgo Maria; ex te autem natus est IESVS CHRISTVS Filius Dei viui. Amen.

SANCTA MARIA & ANNA, orate pro nobis.

IESV CHRISTE parce, nobis omnibus.

PRIERES POVR LE ROY & la Reyne, & tout le Royaume de France.

Pseaume 19.

EXaudiat te Dominus in die tribulationis : protegat te nomen Dei Iacob.

Mittat tibi auxilium de sancto : & de Sion tueatur te.

Memor sit omnis sacrificij tui: & holocaustum tuum pingue fiat.

Tribuat tibi secundum cor tuum : & omne consilium tuum confirmet.

Lætabimur in salutari tuo : & in nomine Dei nostri magnificabimur.

Impleat Dominus omnes petitiones tuas : nunc cognoui quoniam saluum fecit Dominus Christum suum.

Exaudiet illum de cœlo sancto suo: in potentatibus salus dexteræ eius.

Hi in curribus, & hi in equis: nos autem in nomine Domini Dei nostri inuocabimus.

Ipsi obligati sunt & ceciderunt: nos autem surreximus, & erecti sumus.

Domine saluum fac Regem: & exaudi nos in die qua inuocauerimus te.

Gloria Patri, & Filio, &c.

Sicut erat in principio, &c.

Verset. Domine saluum fac Regem.

Resp. Et exaudi nos in die qua inuocauerimus te.

Oremus.

QVæsumus omnipotens Deus, vt famulus tuus Ludouicus Rex noster, qui tua miseratione suscepit regni gubernacula, virtutum etiam omnium percipiat incrementa: quibus decenter ornatus, & vitiorum monstra deuitare, & hostes superare ad te, qui via es, gratiosus valeat peruenire. Per Christum, &c.

PRIERE POUR LA REINE.

Pseaume 44.

ERuctauit cor meum verbum bonum: dico ego opera mea regi.

Lingua mea calamus scribæ: velociter scribentis.

Speciosus forma præ filijs hominum, diffusa est gratia in labijs tuis; propterea benedixit te Deus in æternum.

Accingere gladio tuo super femur tuum: potentissime.

Specie tua, & pulchritudine tua: intende, prospere procede, & regna.

Propter veritatem, & mansuetudinem, & iustitiam: & deducet te mirabiliter dextera tua.

Sagittæ tuæ acutæ, (populi sub te cadent:) in corda inimicorum regi.

Sedes tua Deus in sæculum sæculi: virga directionis, virga regni tui.

Dilexisti iustitiam, & odisti iniquitatem: propterea vnxit te Deus, Deus uus, oleo lætitiæ præ consortibus tuis.

yrrha, & gutta, & casia à vestimen-
is tuis, à domibus eburneis: ex qui-
us delectauerunt te filiæ regum in honore tuo.

Astitit regina à dextris tuis in vestitu deaurato; circumdata varietate.

Audi filia, & vide, & inclina aurem tuam: & obliuiscere populum tuum, & domum patris tui.

Et concupiscet rex decorem tuum: quoniam ipse est Dominus Deus tuus, & adorabunt eum.

Et filiæ Tyri in muneribus: vultum tuum deprecabuntur omnes diuites plebis.

Omnis gloria eius filiæ regis ab intus in fimbriis aureis: circumamicta varietatibus.

Adducentur regi virgines post eam: proximæ eius afferentur tibi.

Afferentur in lætitia, & exultatione: adducentur in templum regis.

Pro patribus tuis nati sunt tibi filij: constitues eos principes super omnem terram.

Memores erunt nominis tui : in omni generatione & generationem.
Propterea populi confitebuntur tibi in æternum : & in sæculum sæculi.
Gloria Patri, &c. Sicut erat, &c.
Antienne. Specie tua, & pulchritudine tua, intende, prosperè procede, & regna. *Antienne.* Adiuuabit eam.

Oremus.

EXaudi clementissime Pater deprecationem seruorum tuorum pro ancilla tua Anna Regina nostra Majestati tuæ deuotissimè supplicantium : vt quemadmodum tua eam prouidentia concipere decreuisti ; ita ipsam benedictione tua præambula, ad laudem tui sacri nominis Virgine gloriosa suffragante, celeriter jubeas expediri. Per Dominum, &c.

PRIERE A LA BIEN-HEVREVSE SAINTE ANNE, en faueur de la Reyne.

SOuche de royalle racine,
Toute ardente de charité,
Qui dans vostre sterilité
Portastes la branche diuine,
Qui produisit la sainte Fleur,
Dont nous receûmes le bon-heur
De nostre premiere innocence ;
Vueillez prier le Tout-puissant,
Qu'il conserue à toute la France
Nostre Royne, & son cher Enfant.

SVR LES MIRACLE de la Bien-heureuse SAINTE ANNE d'Auray.

SONNET.

QVe le Seigneur paroist admirable en ses Saincts, [*nefices,*
Qu'il verse par leurs mains sur nous de be-
Prier auec ardeur ce sont les bons offices
Dont ces Esprits heureux assistent les humains. [*feints,*
Gens de petite foy, de qui les cœurs sont
Vous meritez le feu des eternels supplices,
Pour estre des Demons en ce poinct les complices;
Car contre Dieu comme eux vous formez vos desseins.
Mais vous auez beau faire, ô malheureuse troupe,
Vous à qui l'heresie a fait boire en sa coupe
Le plus subtil poison composé dans l'Enfer;
Les faits miraculeux de la grande Sainte Anne,
Malgré vos attentats vous ferõt confesser,
Qu'elle est du S. Esprit la veritable organe.

FIN.

LE PETIT FFICE D S. IOSEPH.

ATINES.

IESVS, MARIA, IOSEPH.

DOMINE, labia mea aperies.
Et os meum annuntiabit laudem tuam.
Deus in adiutorium meum intende.
Domine ad adiuuandum me festina.
Gloria Patri, & Filio, & Spiritui Sãcto.
Sicut erat in principio, & nunc, & semper: & in sæcula sæculorũ. Amen.

Hymnus.

O Nimis fœlix pater & nutritor
Regis æterni meritus vocari
Nam tibi gestans vtero tonantem
Iungitur vxor.
Gloria Patri, genitæque proli,
Et tibi compar vtriusque semper
Spiritus alme, Deus vnus omni
Tempore sæcli.

Antiph. Tanta gloria & honore c natus fulget in cælis, quanta digni & merito fuit honestatus in terris.

Oremus.

SAnctissimæ genitricis tuæ Spon quæsumus, Domine, meritis adiu uemur ; vt quod possibilitas nostr non obtinet, ejus nobis intercessione donetur. Qui vis & regnas cum Deo Patre in vnitate Spiritus sancti Deus, Per omnia sæcula sæculorum. Amen

A PRIME.

IESVS, MARIA, IOSEPH.

E v s in adiutorium meum intende,
omine ad adjuuandum me festina.
loria Patri, & Filio, & Spiritui sãcto.
icut erat in principio, & nunc & semper: & in sæcula sæculorum. Amen.

Hymnus.

TV minas sæui fugiens Herodis,
Quæris Ægyptum monitu superno,
Prorsus infantem reuocas ab atra
Cæde tyranni.
Gloria Patri, genitæque proli. &c. *vt suprà.*

Antiph. Inuenerunt Matrem & Ioseph, & infantem positũ in præsepio.

Oremus.

OMnipotens sempiterne Deus, qui gloriosæ virginis Mariæ spõsum beatum Ioseph eligere voluisti, vt filij tui, eiusque matris puram gereret: da nobis quæsumus, vt sicut eis iuges famulatus sedulè exhibuit, ita ipsius intercedentibus meritis, beneplacitis tibi actibus seruire mereamur. Per eundem Dominum nostrum Iesum Christum tuum, &c.

A TIERCE.

IESVS, MARIA, IOSEPH.

DEvs in adiutorium meum intende,
Domine ad adiuuandum me festina.
Gloria Patri, & Filio, & Spiritui sácto,
Sicut erat in principio, & nunc, &c.

Hymnus.

Ristis amissum puerum requiris
Intra mirantes procerũ cateruas
omperis tandem, patrios reducis
Rursus in agros.

Gloria Patri, genitæque proli, &c. *vt supra.*

Antiph. Ioseph fili Dauid, noli timere accipere Mariam conjugem tuam: quod enim de ea natum est, & de Spiritu sancto est, Alleluya.

Oremus.

SAnctissimæ genitricis tuæ Sponsi quæsumus, Domine, meritis adiuuemur; Vt quod possibilitas nostra non obtinet, eius nobis intercessione donetur. Qui viuis & regnas cum Deo Patre in vnitate Spiritus sancti Deus, Per omnia sæcula sæculorum. Amen.

A SEXTE.

IESVS, MARIA, IOSEPH.

DEVS in adiutorium meum intende,
Domine ad adiuuandum me festina.
Gloria Patri, & Filio, & Spiritui sãcto.
Sicut erat in principio, & nunc, &c.

Hymnus.

ASTRA qui cælos regit atque terras,
Cuius ad iussum superi verentur,
Inferi cuius tremuêre numen,
Se tibi subdit.
Gloria Patri, genitæque proli, &c. *vt supra.*

Antiph. Flecte precibus nostris subditum tibi Christum regem : vt per te benedicat nobis, qui pro nobis natus, in terra per te nutritus est.

Oremus.

Evs qui beato Iosepho incomparabilem genitricis tuæ thesaurum tradidisti, & sponsi nomine decorasti: concede propitius, vt sicut providus tuus extitit nutritius, ita apud te pro nobis sit ipse intercessor. Qui viuis & regnas Deus, Per omnia sæcula sæculorum. Amen.

A NONE.

IESVS, MARIA, IOSEPH.

DEvs in adiutorium meum intende,
Domine ad adiuuandum me festina.
Gloria Patri, & Filio, & Spiritui sãcto.
Sicut erat in principio, & nunc, & semper & in sęcula sęculorum. Amen.

Hymnus.

VIdit & sidus radians ab ortu,
Cuius ad nutum pertiêre cum
Principis nati nouiter ferentes
Munera reges.

Gloria Patri, genitæque proli, &c. *vt supra.*

Antiph. Ioseph autem cùm vidisset Iesum disputantem in medio Doctorum, gauisus est valde, & benedixit Deum.

Oremus.

DEvs qui nos beati Iosephi nutritij tui commemoratione lætificas: te supplices exoramus vt eius qui tibi ministrãdo placuit precibus adiuti, fideliter tibi seruire mereamur. Qui viuis & regnas cum Deo Patre in vnitate Spiritus sancti Deus. Per omnia sęcula sęculorum. Amen.

A VESPRES.

IESVS, MARIA, IOSEPH.

DEVS in adiutorium meum intende,
Domine ad adiuuandum me festina.
Gloria Patri, & Filio, & Spiritui sãcto.
Sicut erat in principio, & nunc, &c.

Hymnus.

IAmque longęuus agitus annis,
Vinculo mortis veteri solutus:
Victor & virgo spoliatur æuo
Corpus onustum.
Gloria Patri, genitæque proli, &c. *vt suprà.*

Antiph. Fœlicem virum beatum Ioseph, cui datum est Deum quem multi reges voluerunt videre, & non viderunt; audire, & non audierunt; non solum videre & audire, sed portare &

complecti, nutrire & custodire.

Oremus.

OMnipotens sempiterne Deus qui gloriosę virginis Mariæ sp sum beatum Ioseph eligere voluisti vt filij tui eiusque matris curam gere ret: da nobis quęsumus, vt sicut ei iuges famulatus sedulè exibuit, it ipsius intercedentibus meritis, bene placitis tibi actibus seruire mereamur Per eundem Dominum nostrum, &c.

ACOMPLIE.

IESVS, MARIA, IOSEPH.

COnuerte nos Deus salutaris noster.

Et auerte iram tuam à nobis.

Deus in adiutorium meum intende.

Domine ad adiuuandum me festina.

loria Patri, & Filio, & Spiritui sãcto.
icut erat in principio, & nunc, &c.

Hymnus.

Rgo regnantem flagitemus ipsum
Cum sua sponsa, veniam precemur
Supplices, vt nos capiamus alti
Præmia cæli.
Gloria Patri, genitæque proli, &c.

Antiph. Cantica laudum psallant Deo cunctæ pariter gentes in beati Ioseph sponsi Marię virginis commemoratione.

Oremus.

SAnctissimæ genitricis tuę Sponsi quęsumus, Domine, meritis adiuuemur; vt quod possibilitas nostra non obtinet, eius nobis intercessione donetur. Qui viuis & regnas cum Deo Patre in vnitate Spiritus sancti Deus, Per omnia sęcula sęculorum. Amen.

www.ingramcontent.com/pod-product-compliance
Ingram Content Group UK Ltd.
Pitfield, Milton Keynes, MK11 3LW, UK
UKHW020457200726
13857UKWH00002B/750

9 782012 782631